약! 오르는 주식
막! 오르는 주식

약! 오르는 주식
막! 오르는 주식

| 초판 1쇄 | 2013년 08월 20일 |

지은이	박재균
발행인	김재홍
기획편집	이은주, 권다원, 김태수
마케팅	이연실

발행처	도서출판 지식공감
등록번호	제396-2012-000018호
주소	경기도 고양시 일산동구 견달산로225번길 112
전화	031-901-9300
팩스	031-902-0089
홈페이지	www.bookdaum.com

| 가격 | 15,000원 |
| ISBN | 978-89-97955-78-7   03320 |

| CIP제어번호 | CIP2013013356 |

이 도서의 국립중앙도서관 출판시 도서목록(CIP)은 e-CIP 홈페이지(http://www.nl.go.kr/ecip)에서 이용하실 수 있습니다.

99% 승률로 검증된 단기투자법에 대한 지침서!

약! 오르는 주식
막! 오르는 주식

도움되지 않는 지루한 이론은 과감히 버려라!

전국 약사 커뮤니티 주식클럽 운영자

| 현직약사 박재균 지음 |

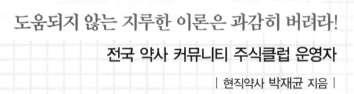

"개미들에게 필요한 것은 현학적인 분석이 아니라
내 계좌의 빠른 수익이다!"

"초보 입문자부터 열혈 투자자까지
넓게 읽히고 활용되는 책"

지식공감

보통 주식에 대한 조언을 들어보면 개인이 이길 수 없는 싸움이다. 내지는 결국 망하게 되어 있다는 부정적인 시선이 대부분입니다. 실제로 주식으로 돈을 벌었다는 사람은 봤어도 성공했다는 사람은 못 봤다는 말이 있듯이, 누구나 한두 번쯤 시기를 잘 타서 운(?) 좋게 수익이 나면 자랑하고 다니지만, 결국 지속적인 수익을 내지 못하고 손실을 보는 개인들이 많습니다.

하지만 왜 그러한 통계가 나오는지에 대해 진지하게 생각해보면, 무지나 준비부족, 욕심과 마인드의 문제가 가장 크다고 봅니다. 어떤 일을 치르든 간에 적절한 준비는 필수인데, 이론적인 준비는 물론이요, 뚜렷한 계획 없이 오로지 주변의 말만 듣고 덜컥 사놓고 보는 사람들이 많습니다.

이들은 편입된 이후에도 어떻게 관리해야 되는지조차 모른 채 결국 큰 손해를 입고 떠나면서 주식은 도박이라며 하면 안 되는 것처럼 이야기합니다.

그런데 참으로 신기한 것은 주변에 전문가들이 굉장히 많다는 것이었습니다. 텔레비전이나 매체에서 화려한 명함과 경력을 등에 업고, 현란한 말을 구사하며 그럴싸하게 기업을 분석하는 전문가의 모습은 당장 달려가 내 돈을 맡겨도 아깝지 않을 정도의 신뢰감이 들 정도였으니까요.

하지만 지금 돌이켜보면 그들이 추천하는 종목, 신문에서 분석하는 자료들을 열심히 참고해서 해본들, 아무런 소용이 없었고 오히려 정반대인 청개구리식 결과가 나온 경우가 무척이나 많았습니다.

필자 역시 이런저런 시도를 해 보았고, 수많은 시행착오를 거치며 넘어지고 다치기도 했습니다. 이번 책은 워렌 버핏의 이야기처럼 많은 수익을 올리기보다는 잃지 않는 투자를 위해 기존의 검증된 통계적인 확률을 바탕으로 필자 나름의 방식을 접목해 보았습니다.

아무쪼록 투자자들에게 실질적인 도움이 될 수 있는 성공적인 투자를 기원합니다.

이 책이 차별화하는 점

시중에 나온 주식 관련 서적을 보면, 하루에 얼마를 번다는 자극적인 제목부터 화려한 경력과 수익률을 자랑하며 이 책만 독파하면 부자가 될 수 있다는 내용이 많습니다. 마치 영어도 일주일만 하면, 단어 몇백 개만 알면 원어민처럼 할 수 있다는 언어 관련 서적과 다를 바가 없다고 봅니다. 그리고 꽤나 방대하고 두꺼운 페이지를 장악하고 있는 것은 너무 원론적이고 교과서적인 내용들을 두서없이 나열하고 있는 내용들입니다.

배움이란 무언가를 배웠고, 실전에서 사용할 수 있겠다는 뿌듯함을 얻어야 되는데, 그냥 당연한 말들만 하고 있거나 수박 겉핥기식의 보편석인 이론들만 나열되어 있으니 책을 읽어도 별로 남는 것이 없는 것 같이 느껴집니다. 혹은 너무도 많은 내용들이 있다 보니 받아들이기도 벅찰뿐더러 어느 것을 활용해야 할지 포인트를 잡기가 힘든 경우도 있습니다.

우등생에게 공부 잘하는 비법을 물으면 교과서만 열심히 보았다고 하는데, 실제로 주식에서도 어려운 경제이론이나 기법보다는 가장 기본적인 내용에 충실할 때 좋은 성적을 거둘 수 있음을 경험을 통해 체득할 수 있었습니다.

대박 종목을 좇으며 복잡한 기법을 연구하기보다는 보통의 개인투자자들이 쉽게 접근하고 이해할 수 있도록 기본적이고, 실전에 충실한 책이 되었으면 합니다.

천수답

천수답이라는 말이 있습니다. 빗물에 의존할 수밖에 없는 논을 뜻하는데, 이는 개인이 통제할 수 없는 외부요인에 의해 결과가 결정된다는 말로도 쓰입니다.

주식시장의 개별종목들은 전체 코스피 지수의 영향을 받고, 코스피 지수는 미국시장의 다우존스 지수나 세계 주식시장의 흐름과 동조화되는 경향이 있습니다. 이렇다 보니 전체 시장의 분위기가 좋을 때는 자신이 투자한 종목이 수익이 나게 되고, 이를 자신의 실력으로 자랑하는 사람들이 온·오프라인을 망라하고 넘쳐납니다.

물 반 고기 반이라는 말처럼 코스피 지수의 훈풍을 타고 숟가락만 얹어도 수익이 나는 구조라면 대충 눈감고 찍어도 수익은 나게 되어 있습니다. 반대로 전체 지수가 하락할 때는 대부분의 종목들은 고전을 면치 못하게 되고, 돈 많이 벌었다고 자랑하는 사람들도 찾아볼 수 없게 됩니다.

초보자들의 경우에는 이런 점들을 인지하지 못하고 시기를 잘 만나서 수익을 얻은 다음, 자신만만해진 상태로 돈을 들이 붇다시피 투자하다 망하는 사태를 겪는 사람들이 한둘이 아닙니다.

주식시장에는 사공이 많은데 언뜻 들어보면 굉장히 유식한 것 같고, 냉철한 분석을 하며 주가를 예측하지만, 주식은 예측보다는 대응하는 것이라 생각합니다.

바람이 부는 것은 어쩔 수 없습니다. 바람이 불어 담벼락을 쌓는 것도 하나의 방법이지만, 이보다는 풍차를 돌리는 대응방식이 가장 좋을 것입니다.

주식에서도 통제할 수 없는 주가에 독심술을 걸어 주문을 외우기보다는 상황에 맞는 현명한 대응으로 이성적인 투자를 한다면 적어도 큰 돈을 잃는 일은 없을 것입니다.

Contents

이 책의 대전제

속전속결,
나비처럼 날아서
벌처럼 쏜다

This is
the opportunity

어떤 준비를 해야 하는가

주식투자를 하려니 알아야 될 내용들이 너무도 많아 보입니다. 주식이 어렵다는 것은 두 가지 이유라고 봅니다.

첫째, 경제 전반의 수도 없이 많은 요인들이 톱니바퀴처럼 상호 연관성을 가지고 돌아가고 있으며, 주식을 하려면 관련 지식들도 필요한데 이 모든 것을 어떻게 알고 시작하느냐의 문제입니다.

둘째, 이 모든 것을 안다고 해도, 내 계좌의 수익과는 별개의 문제라는 것입니다. 아이러니하게도 결국 아는 만큼 내 계좌의 수익을 주지는 않는다는 말이지요.

주식을 하기 위해 수료해야 할 정해진 기간과 학습과제가 주어지는 것은 아닙니다. 열심히 노력해서 경제학박사가 된 사람은 주식으로 대박을 터뜨려야 정상이고, 이것이 응당 당연한 결과라고 사람들이 인정해야 될 문제는 아닙니다.

수많은 이론들과 지표들을 두루 통달했다고 해서 모든 것을 자유자재로 활용할 수 있는 것은 아닙니다. 마치 모든 무기를 다룰 줄 아는 훌륭한 장수가 무거운 갑옷에 온갖 종류의 무기를 장착하고 싸울 수는 없는 것과 같습니다. 본인이 가장 잘 쓰는 무기 한 가지로 민첩하게 활용하는 것이 승리의 지름길일 것입니다.

즉, 우리가 해야 할 일은 본인에게 가장 잘 맞는 빠르고 효과적인 방법을 찾는 것일 뿐입니다.

장기투자의 맹점

주식 관련 책이나 정보를 보면 장기투자를 소개하면서 기업의 진정한 가치를 믿고 시간에 투자하는 현명한 투자라고 언급합니다. 하지만 인간이 통제하지 못하는 외부환경의 변화와 남북문제, 경제문제, 환율, 유가들이 발목을 붙잡게 되면 초우량주라고 해도 영향을 받는 것은 매한 가지입니다. 이것을 언젠가는 오르니까 시간에 믿고 맡기라고 포장하는 것은 돈의 이자개념을 무시하는 너무도 막막한 이야기일 뿐입니다.

이 책은 중장기 투자에 대한 설명보다는 반등시점이라고 생각하는 시점에 매수하여 짧은 시간 안에 수익을 거두고 나올 수 있는 단기투자법에 대한 지침서라고 보면 됩니다.

효율성

가장 짧은 시간 안에 최대효과를 본다는 효율성은 언제나 모든 작업의 대전제입니다. 내가 투자한 시점에서 빨리, 그리고 많은 수익을 거두고자 하는 것은 굳이 이야기하지 않아도 당연한 것이고, 최대의 관심사입니다.

"주식의 가치를 보고, 기업에 투자한다"라는 교과서적인 발언보다는 어떤 기업이 되었든, 보다 빨리, 많이 수익을 얻을 수 있기를 바란다는 것이 차라리 솔직할 것입니다.

개미들(일반 개인투자자들)이 큰 자금으로 작전 테마주를 만들어 속된말로 먹튀 하지 못할 바에야 도덕적인 흠결을 이야기할만한 건 없습니다.

　여기서 이 책이 목표로 하는 것은 개인이 원하는 단기간의 성공적인 투자가 가능할 수 있도록 어떤 선택과 집중을 해야 하는지에 대한 명확한 지표가 되는 것입니다. 굳이 원론적인 이야기, 어려운 이야기, 당연하고 일반적인 이야기, 거시경제 이야기, 필자의 역경과 성공 스토리 등에 불필요한 지면을 낭비하고 싶지는 않습니다.

　어느 고시학원 강사의 말처럼 수없이 갈라진 불필요한 선택의 기로에서 가지 말아야 할 길을 과감히 치워주고, 꼭 필요한 길만 갈 수 있도록 불을 밝히고자 함입니다.

단기투자의 매력

　현재 필자는 현직 약사로서 약사들만의 커뮤니티에서 주식게시판을 담당하고 있습니다. 여기서 매일매일 장중리딩과 당일결산을 통해 회원들에게 좀 더 많은 도움을 주고자 나름 열심히 활동하고 있습니다.

　서론에서 효율성을 언급하면서 단기투자의 매력과 투자방향에 대해 이야기했습니다. 이번에는 실제 어떻게 매매하고 있는지를 보여 드리고자 합니다.

　다음은 필자가 올린 글 중의 일부를 나타낸 것인데, 괄호 안은 실제 매매기간을 나타냅니다. 일체의 유료회비 없이 실제 제가 매매했던 종목에 대해서 리딩한 내용입니다.

　오리온 종목처럼 6개월을 끄는 아주 예외적인 경우가 있기는 하지만 (이 경우도 물론 수익 마감을 했습니다). 대부분은 아주 짧은 시간 안에 수익 마감으로 끝이 납니다.

플랜티넷 수익마감 (0426~0428)	chaser	2013.04.27
에스원 수익마감 (0423~0426)	chaser	2013.04.23
삼성생명 수익마감 (0402~0403)	chaser	2013.04.02
동화약품 수익마감 (0401~0402)	chaser	2013.04.01
에스원 수익마감 (0328~0329)	chaser	2013.03.28
LG생활건강 수익마감 (0313~0422)	chaser	2013.03.14
CJ대한통운 수익마감 (0305~0422)	chaser	2013.03.05
오리온 수익마감 (0206~0818)	chaser	2013.02.06
스카이라이프 수익마감 (0129~0201)	chaser	2013.01.29
LG생활건강 수익마감 (0125~0218)	chaser	2013.01.25
솔브레인 수익마감 (0122~0219)	chaser	2013.01.22
인터로조 수익마감 (1224~1227)	chaser	2012.12.24
현대에이치씨엔 수익마감 (1213~1218)	chaser	2012.12.13
NHN 수익마감 (1207~1211)	chaser	2012.12.08

수익이 난 종목만 골라서 편집한 것이 아닙니다. 실제로 거의 100%에 가까운 종목이 수익 마감을 하며, 그중 1~2주 안에 수익 마감하는 확률이 70%가 넘습니다.

이런 통계치가 가능하게 하려면 빠른 반등이 나올 수 있는 매수시점을 정확히 잡을 수 있어야 하고, 적은 수익이라도 만족할 줄 알아야 됩니다. 물론 매도 후 더 큰 상승을 하는 경우도 있었고, 오히려 다시 내려가는 경우도 있었으니, 모자라지도 넘치지도 않는 중용의 선택을 한 것이라 해 두겠습니다.

귀에 달면 귀걸이, 코에 걸면 코걸이식의 두서없는 분석보다는 실전 예시를 통해 단기투자의 매력을 십분 활용하고, 주식하는 즐거움을 얻을 수 있다는 점을 강조하고 싶은 것입니다.

위 게시판 목록 중 간단히 두 종목의 내용을 보도록 하겠습니다.

위의 두 종목은 편입되고 바로 수익이 난 경우라 내용도 매우 짧고, 투자규모도 적지만 단기투자의 매력을 충분히 보여준 리딩이라고 생각합니다.

투자규모가 적은 것은 한두 종목에 올인하는 것이 아니라 매우 많은 수의 종목이 짧은 호흡으로 저마다의 수익을 주고 퇴장하기 때문이라는 점을 감안했으면 합니다.

좀 더 시간이 걸린 종목이라면 보통 매일 단위로 장중에 어떻게 매매가 되었는지 당일 마감 후 글을 올리고, 장중에는 댓글을 통해 실시간으로 매매현황을 올리기도 합니다.

TV나 전문가의 말은 실제 내 계좌의 수익과 직접적으로 연관이 될 만큼 구체적인 정보를 제공하는데 한계가 있을 것입니다.

왜냐하면, 이렇게 본인이 실제 투자하는 종목의 계좌를 가감 없이 공개하며, 현학적인 말 대신 매수 매도시점에 대한 간단한 내용으로 간결하고 명확한 정보를 제공하는 경우는 흔치 않을 것이기 때문입니다.

이제는 독자 또한 고기 잡는 법을 찾을 수만 있다면 충분히 짧은 패턴의 흥미로운 투자가 가능하다는 점을 상기시켜 주고자 필자의 게시판을 소개해 보았습니다.

가장 기초적인 개념정리

종합주가지수

말 그대로 증권거래소에 상장되어 있는 모든 개별종목의 주가에 가중치를 부여해서 종합적인 평균수치를 나타낸 것을 말합니다. 현재의 지수는 1980년 1월 3일을 기준으로 이날의 종합주가지수를 100으로 정했을 때의 상대적인 수치라고 보면 됩니다.

예를 들어 1980년에 상장되어 있는 모든 주식의 가격을 합했더니 1조이고 현재 시점에서는 10조라면 현재의 종합주가지수는 100×10=1000이라고 계산할 수 있는 것입니다.

코스피와 코스닥

코스피와 코스닥은 각각 야구의 메이저리그와 마이너리그에 비유할 수 있습니다.

코스피란 엄격한 상장심사를 거쳐 증권거래소에 등록된 비교적 안전하고 우량한 주식시장을 말합니다. 우리가 익히 이름을 들어 잘 알고 있는 삼성전자나 현대차를 비롯하여 중대형주들이 여기에 해당합니다. 이에 비해 코스닥은 미국의 벤처기업을 대상으로 하는 나스닥(NASDAQ)을 본떠 이름 지어졌는데 기존 증권시장의 까다로운 상장요건을 구비하지 못한 중소기업에게 자금 조달 기회를 주기 위해 장외에 개설된 시장을 말합니다. 그러다 보니 저가주나 소형주, 벤처기업들에 해당하는 종목들이 각종 테마에 연루되어 급등락을 반복하는 것을 종종 관찰하게 되는데 그만큼 변동성이 큰 위험이 뒤따릅니다.

가격제한폭

하루 중 주가의 움직임은 위·아래 15%로 제한됩니다. 이는 일종의 안전장치라고 볼 수도 있는데, 너무 한쪽 방향의 비이성적인 투매현상이 나타나지 않도록 일정한 제한을 둔 것이라고 생각하면 됩니다.

위탁계좌

주식거래를 하기 위한 계좌를 말합니다. 은행의 예·적금 통장이나, 증권사의 CMA 통장이 있다고 해서 바로 주식거래를 할 수 있는 것이 아닙니다.

처음 주식거래를 위해서는 위탁계좌의 개설이 반드시 필요한데, 여기에 들어있는 돈을 예수금이라고 하며, 이 돈으로 주식거래가 가능합니다.

HTS

Home Trading System의 줄임말로 집에서 주식을 거래할 수 있는 시스템을 말합니다. 이제는 통신기술의 발달로 객장에 직접 나가지 않고도 컴퓨터나 스마트폰만 있으면 인터넷이 되는 어느 곳에서든 주식거래가 가능합니다. 물론 전화상으로도 주문은 가능하지만, 시간과 비용면에서 꽤나 불리하게 되어 있습니다.

한편, WTS라고 하여 증권사 홈페이지 상에서 해당 메뉴로 들어가 주문할 수도 있지만 요즘에는 각 증권사별로 특화된 HTS 프로그램을

다운로드 받아 독립된 객체로 실행시켜 매매하는 것이 일반화되어 있습니다.

또한 최근에는 스마트폰의 발달로 휴대폰에서도 가능한 MTS 시스템도 활성화되면서 바쁜 현대인들에게 점점 이용이 늘어나는 추세입니다. 이처럼 어떤 매체를 이용하느냐에 따라 HTS, WTS, MTS, 전화주문 등의 다양한 방법이 존재하는데, 핵심은 객장에 나가지 않고도 거래할 수 있는 시스템이나 프로그램을 HTS라고 통칭하여 말하기도 합니다.

주식의 세금과 수수료

주식할 때 본인의 순수한 자금 이외에 발생하는 추가비용이 존재합니다. 크게 경제활동에 따른 대가로 나라에 지급하는 세금(거래세)과 주식을 할 수 있게끔 시스템을 마련해준 증권사에 대한 대가로 수수료가 존재합니다.

세금은 어떤 증권사든 공통적으로 매도금액의 0.3%가 징수되고, 수수료는 매수와 매도 시 각각 징수되는데 증권사나 매매하는 매체별, 투자금액의 크기별로 상이하기 때문에 사전에 알아보는 것이 중요합니다.

유선상이나 창구직원을 통해서 매매한다면 비쌀 것이고, 앞에서 소개한 HTS 프로그램상에서 본인이 직접 매매한다면 굉장히 저렴해지는데, 현재 대략 0.015~0.5% 정도입니다.

대부분의 투자자들은 HTS를 이용하여 0.015% 수수료를 지불하는 증권사를 선호하게 되는데, 예를 들어 백만 원짜리 주식을 매수하여 110만 원에 매도한다고 했을 때

수수료는   매수 시 : 1,000,000 × 0.00015 = 150원

　　　　　매도 시 : 1,100,000 × 0.00015 = 165원

으로 315원이 징수되고,

세금(거래세)은 매도 시 1,100,000 × 0.003 = 300원이 징수되므로 총 발생하는 비용은 수수료 315원 + 세금 300원 = 615원이 발생하게 됩니다.

3일 결제 시스템

우리가 집을 살 때도 계약시점과 현물이 오고 가는 시기가 차이가 나듯이 주식에서도 마찬가지입니다.

주식은 3일결제시스템이라고 하여, 매매시점과 정산시점이 3일 차이가 납니다. 이때 계약금의 개념인 증거금이 등장하게 되는데, 매매시점 당시에는 전체금액 중 일부만을 지불하고 3일째 되는 날 나머지 금액은 정산하게 됩니다. 이때 3일은 영업일을 기준으로 하기 때문에 토요일, 일요일이나 공휴일은 제외하고 계산됩니다. 증거금은 종목마다 차이가 있고, HTS상에서 종목 옆에 20%, 30% 등으로 표시되어 있습니다.

예를 들어 40%라고 표시되어 있으면 40만 원으로 100만 원치의 주식을 살 수 있다는 이야기가 되는데, 매매시점 당시에는 40만 원만 통장에서 결제되고, 나머지 60만 원은 3일째에 정산된다는 뜻입니다.

미수

이렇다 보니 입문자의 경우에는 본인이 40만 원만 가지고 있는데도 100만 원치의 주식이 매수되는 것을 인지하지 못하고 정산시점에서 60

만 원을 메꾸지 못하는 사태가 발생하게 됩니다. 이렇게 되면 미수금이 60만 원이 발생하게 되어 미수동결계좌가 되면서 강제 반대매매가 되는 경우가 생깁니다. 흔히 미수 써서 욕심부리다가 깡통계좌가 된다는 말은 이런 경우를 말합니다.

본인이 보유한 금액보다 훨씬 많은 주식을 매수하고 3일 안에 주가가 올라서 팔아버린다면 괜찮겠지만, 반대의 경우라면 돈이 줄어드는 속도는 그만큼 빨라지게 되고, 불리한 가격에 강제매매를 당하게 되어 순식간에 깡통계좌가 됩니다. 따라서 반드시 본인이 가지고 있는 현금의 범위 내에서 여유자금을 확보하며 투자하는 것이 현명합니다.

미수동결계좌

미수금을 기간 내에 처리하지 못하면 전 증권사에 정보가 공유되면서 본인 명의의 모든 위탁계좌는 증거금 100%의 미수동결계좌가 됩니다. 즉, 100만 원치의 주식을 사기 위해서는 실제로 100만 원 이상의 현금이 계좌에 있어야 된다는 뜻입니다.

여기서 풀려나기 위해서는 한 달이라는 시간이 필요합니다. 오히려 장점이라고 볼 수 있는 것은 과도한 투자를 막기 위한 안전장치가 될 수 있는 반면 단점이라고 한다면 가장 큰 확신이 드는 종목을 매수하려고 할 때, 남아있는 예수금 이상의 금액은 주문 자체가 들어가지 않으므로 좋은 기회를 박탈당할 수도 있다는 것입니다.

시간외거래

정규시장이 09:00~15:00 까지라면 그 전후로도 거래할 수 있는 길은 열려 있습니다. 여기에는 몇 가지 종류가 있으며 최대 장점은 단주거래를 할 수 있다는 점입니다.

코스닥 시장은 1주 단위의 단주매매가 가능하지만, 코스피 시장에서는 5만 원 이상의 주식만 가능합니다. 즉 5만 원 미만의 주식은 장중에는 10주 단위로 매매가 가능하기 때문에 50만 원 미만의 적은 돈으로 투자하는 사람들에게는 시간 외 단주매매가 아주 유용합니다.

또 다른 이유는 단주매매가 가능하여 1주 샀던 주식이 5만 원 밑으로 떨어지는 바람에 장중에 처분하지 못한다면 어쩔 수 없이 시간 외 거래를 이용할 수 밖에 없기 때문에 이를 활용한 투자는 반드시 필수적이라 하겠습니다.

시간 외 거래는 시기와 성격에 따라 몇 가지로 나뉘게 됩니다.

1. 장전 시간 외 매매(07:30~08:30)

전일종가로 매매하며 1주 단위로 거래 가능합니다.

2. 장후 시간 외 종가(15:00~15:30)

당일 종가로 매매하며 1주 단위로 거래 가능합니다.

3. 시간 외 단일가(15:30~18:00)

당일 종가의 ±5% 범위 내에서 단주매매로 주문이 가능합니다. 장후 시간 외 거래가 끝나는 15시 30분부터 주문이 가능하며 체결은 30분 단위로 오후 4시, 4시 반, 5시, 5시 반, 6시에 이루어집니다.

어느 것이 진리인가

　다음은 주가의 흐름을 간단히 도식화한 것으로 각 시점을 매수타이밍으로 보았을 때 어떤 의미를 부여할 수 있는지 살펴보겠습니다.

　표시된 지점을 매수시점으로 보고, 그래프의 끝 부분인 마지막 시점까지 보유했다가 매도정산하는 것을 기준으로 하겠습니다.

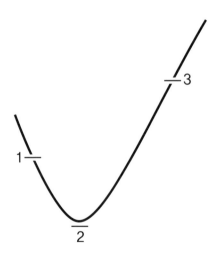

이 책의 대전제 _ 속전속결, 나비처럼 날아서 벌처럼 쏜다

1번 시점

결과적으로는 수익이 났으므로 나쁘지 않습니다. 다만 매수 이후 주가가 하락하면서 마이너스인 상태를 감내해야 한다는 점에서 최고의 점수를 주기는 어렵습니다. 결국, 하락구간을 버티느냐의 여부에 따라 손익 여부가 결정되는 경우라고 보겠습니다.

2번 시점

주가가 하락을 멈추고 반등을 시작하는 변곡점 부분이 매수타이밍의 핵심이라고 한다면 이 지점은 더할 나위 없는 좋은 매수 포인트입니다. 매수 직후 반등이 나온 경우로서 최저점에서 최단기간에 높은 수익을 거둘 수 있는 지점으로 언제 매도해도 수익 마감할 수 있는 경우입니다.

3번 시점

주가가 한창 올라가고 있는 시점입니다. 탄력을 받은 주가가 기세를 이어간다는 점에서 충분히 노려볼 만했고, 실제로도 지속적인 상승으로 수익을 주었습니다. 다만 수익의 폭은 두 번째 최저점보다는 적다는 것이 다소 아쉽기는 합니다.

여기까지는 단순한 분석 이상의 의미를 찾을 수 없다고 생각할 수 있겠지만, 다음 그래프를 보면 생각이 좀 달라질 수도 있겠습니다.

이번에는 기존 그래프를 포함한 이후의 주가 흐름을 연속해서 살펴보겠습니다.

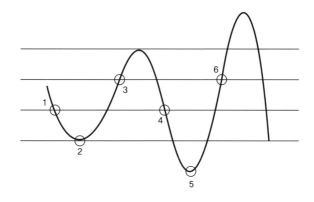

4번 지점

1번 지점과 똑같은 가격이지만, 두 가지 차이점이 있습니다. 하나는 매수 직후 더 큰 하락을 감당해야 된다는 점이고, 둘째는 최종적으로 손실 마감한다는 점입니다. 똑같은 패턴과 가격이지만 언제까지 보유하느냐에 따라 손익 여부는 달라진다는 점을 명심할 필요가 있습니다.

물론 마지막까지 보유하지 않고 5~6번의 상승구간까지 기다린다면 수익 마감할 수 있는 기회는 충분히 있습니다.

5번 지점

전체 그래프 중 최저점이라 가장 좋은 매수포인트입니다. 언제 매도해도 수익은 납니다. 다만 매도시점에 따라 얼마의 수익을 가져가느냐의 문제가 있을 뿐입니다.

6번 지점

한창 달리는 말에 올라탄 격이라 매수 직후에도 일정 부분 상승하고 있지만, 이후의 급격한 하락으로 상대적으로 큰 손실 마감을 한 경우입니다.

첫 번째 케이스인 3번 지점과 같은 패턴, 같은 가격임에도 손실 마감했다는 점이 가장 큰 차이점이라 하겠습니다. 물론 매수 직후 빠른 매도를 감행했다면 수익을 챙길 수 있는 시기도 있었습니다.

생각해 볼 것은 6번 지점 이후의 시간적 흐름까지 모두 고려한다면 앞서 살펴본 1, 2, 3번 지점에 대한 평가도 달라질 수 있습니다.

1~3번까지 하나의 주기만 고려했을 때는 1번 지점이 수익 마감할 수 있는 자리였다면, 6번 이후까지 기다렸을 때는 손실마감하는 자리가 됩니다. 2번 지점 또한 마찬가지로 한 주기상에서는 최저점에서 수익을 극대화할 수 있는 자리였지만, 6번 이후의 최종가격에서는 본전밖에 되지 않습니다. 같은 원리로 3번 지점 또한 작게나마 수익을 확보할 수 있었지만 최종적인 가격에서는 큰 손실이 나는 자리입니다.

이처럼 오랜 기다림이 그만큼의 늘어난 수익으로 보답할지에 대한 여부를 장담할 수는 없습니다. 또한 똑같은 가격이라도 매수매도의 각 시점이 언제이냐에 따라 손익여부와 그 폭이 달라진다는 점에서 어떤 것이 최고라고 일괄적으로 이야기할 순 없습니다.

다만 분명한 것은, 2번과 5번 지점처럼 하락을 마감하고 반등하는 변곡점 지점에서라면 기다리지 않고도 상대적으로 높은 수익이 보장된다는 점입니다. 다시 말해 보장되지 않는 불투명한 밝은 미래를 기다리는 것보다, 빠른 시간 안에 이미 보장된 수익을 챙기는 것이 좀 더 매력적으로 보인다는 것입니다.

따라서 하락 후 반등이라는 변곡점을 파악할 수 있는 일정한 지표가 있다면 그 지점에 베팅하는 것이 가장 최선의 선택이라 할 것이고, 우리가 앞으로 중점적으로 살펴볼 것은 바로 이런 부분입니다.

1

투자스타일 정하기

Don't lose this
opportunity now

종목의
선정

　　간혹 지인들로부터 종목을 분석해 달라는 부탁을 받게 되는데, 공교롭게도 대부분은 코스닥 종목이거나 테마주, 저가주 위주의 종목들이 많습니다.

　필자가 상장사의 모든 종목에 대해 분석하고 잘 아는 것도 아니거니와, 안다고 하더라도 실제 주가에 언제 어떻게 반영이 될지는 하늘의 뜻이므로 난감할 수밖에 없습니다. 여기서 난감하다고 표현한 것은 기술적 분석의 대상에 포함조차 되지 않아 관심대상에서 아예 벗어난 종목들이기 때문입니다.

　마치 입사시험에서도 1차 서류전형, 2차 필기시험, 3차 면접심사가 있듯이 이전단계를 통과하지 못하면 이후로는 후보 대상에서 제외하는 것과 마찬가지입니다.

　상승추세에 대해서는 차후 심도 있는 언급을 하겠지만, 종목을 선정할 때는 가급적이면 우량주나 이름이 알려진 기업을 대상으로 상승추세를 유지하고 있는 종목만을 선택합니다.

저가주, 테마주, 일부 코스닥 종목들의 경우에는 작전세력들이 시세를 조정할 수 있고, 테마에 따라 주가가 급등락할 수 있으므로 기술적 분석이 잘 통하지 않을뿐더러, 추세 자체가 하락추세이거나, 이것도 저것도 아닌 횡보 양상을 보이게 되면 더 이상 투자대상에 포함시키지 않습니다.

분석의
대전제

종목의 분석방법에는 크게 기본적 분석과 기술적 분석 이렇게 두 가지의 방법이 있습니다.

우선 기본적 분석이란, 기업 자체의 업황이나 실적을 따지는 것을 말하며, 이를 위해 재무제표를 통해 현금흐름 등을 파악하는 일련의 과정을 말합니다.

이에 비해, 기술적 분석이란, 기업의 주가가 나타나는 차트 자체를 분석하는 것을 말하며 이를 위해 주가 흐름의 일정한 패턴을 찾아내고, 다양한 보조지표들을 통해 차트 움직임을 예상하고 분석하는 것을 말합니다.

각각의 투자방법이 저마다의 장단점을 가지고 있겠지만, 필자는 주로 차트를 분석하는 기술적 분석을 사용하고 있으며 이 책의 내용 또한 해당 분석법을 통한 사례들을 소개하고 있습니다.

기본적 분석이나 가치투자 역시 매우 중요하지만, 한 가지 맹점이라면 분석을 위한 노력의 결과가 수익으로 제때 나와주느냐는 의문입니다.

중요한 것은 내가 투자한 시점에서 빠른 시간 안에 수익을 가져다주어야 하는데, 기본적 분석에서 이야기하는 정보들은 구체적인 시점과 가격에 대한 지령을 주는 것이 아닙니다.

단순히 상황이 좋다 나쁘다. 차후에는 어떻게 될 것이 예상된다는 개략적인 정보밖에 되지 않으며, 실제로 그런 정보들이 주가에 반영되는 타이밍이 정확히 일치하지 않는 경우가 많기 때문입니다. 이미 주가가 많이 오른 상황에서 종목이 좋다고 이야기하는 것은 흔히 말하는 뒷북 정보에 지나지 않습니다.

이에 비해 기술적 분석은 비교적 짧은 기간 안에 수익을 줄 수 있는 타이밍을 찾아내기 위한 효율적인 방법이라고 봅니다.

과거의 패턴을 보고 통계적인 데이터를 도출하고 현재도 이렇게 되지 않을까 하고 분석하는 것이니, 높은 확률에 베팅하는 합리적인 투자법이라 할 것입니다.

일기예보에 비유를 하자면, 날씨가 좋다. 나쁘다. 비가 올 것 같다. 눈이 조금 올 것 같다는 애매한 정보가 기본적인 분석이라면, 구체적인 확률 수치를 제공하면서 오전에 비가 올 확률 몇 퍼센트, 오후에는 몇 퍼센트 식으로 우리가 체감하고 그 정도를 이해할 수 있는 정보를 제공하는 것이 기술적 분석에 비유될 수 있을 것입니다.

어떤 무기를
장착하고
싸우는가

　　기술적 분석을 한다고는 하지만, 여기에도 무수히 많은 기법과 보조지표들이 있습니다. 그중에서 저마다의 주특기인 특정 지표를 선택하여 집중적으로 소개한 책들도 많이 출간되어 있습니다.

　　필자의 경우는 우선 거시경제요소인 금리, 환율, 유가 등은 살피지 않습니다. 이런 요소들이 주가에 플러스냐 마이너스냐에 대해 이론적인 내용이 있지만, 실전에서 정밀한 매수 타이밍을 잡는데 의미 있는 도움이 되지는 않습니다.

　　또한, 기본적인 분석 또한 생략합니다. 재무제표를 분석하느라고 자료를 찾고 머리 쓰는 시간이 정밀한 타이밍 잡는데 직접적인 도움이 되지 않기 때문에 불필요한 에너지 소비를 하지 않습니다.

　　그 외에도 해당 기업의 업황이나 뉴스들도 있지만 이미 뒷북치는 리포트들이 많고, 관련 뉴스가 얼마나 주가에 영향을 미칠지는 정확히 알 수 없습니다. 따라서 극단적인 호재나 악재가 아니라면 아예 살펴보지도 않습니다. 어설픈 정보에 현혹되다 보면 이성적인 투자를 방해하는 뇌동매매가 될 수 있기 때문입니다.

기본적 분석을 굳이 해야 한다면 코스피200에 해당하는 우량기업, 우리에게 이름이 친숙한 대기업 정도를 투자대상 종목의 카테고리에 넣는 일이고, 대형호재나 악재 정도를 살피는 정도로 갈음한다고 보면 됩니다.

다음은 이 책이 위주로 하는 기술적 분석에 대한 부분인데, 여기에는 매우 다양한 지표들이 존재하고, 각각 저마다 의미가 있어 어떤 것을 선택할지 막막합니다.

그중에서 필자가 애용하는 투자법의 핵심은 상승추세인지 파악 + 조정 후 반등구간을 이용하는 눌림목 매매가 전부입니다. 기술적 분석의 지표는 이동평균선 하나가 전부입니다.

먼저 추세는 상승추세인 종목을 선별하는 과정이라고 보면 됩니다. 후에 자세히 서술하겠지만, 일종의 전반적인 흐름이라고 볼 수 있는 추세는 일단 방향을 잡으면 계속 가려는 성질이 있으므로 설령 당장은 마이너스가 난다 해도 향후 손익분기를 넘어서는 가능성을 높여주기 때문에 모든 분석의 출발점이라고 봅니다.

두 번째로 눌림목 매매는 구체적인 매수 타이밍에 대한 것으로, 주가가 반등하기 바로 직전의 최적 타이밍을 잡는 과정이라고 보면 됩니다.

눌림목이라는 말뜻을 살펴보면, 주가가 눌려있다. 목이다라는 말이 합성되어 있습니다. 상승추세에 있는 종목이라 하더라도 쉬어가는 타이밍이 있게 마련이고, 이것을 주가가 눌린다라고 표현한 것입니다. 그러다가 반등하는 시점이 있을 것이고, 그런 시점을 명당자리라는 의미의 '목'이라는 글자를 붙여 눌림목이라고 표현한 것입니다.

눌림목 매매를 하기 위해서는 지지와 저항, 그리고 이동평균선의 개념을 적용되게 되는데, 이러한 지표들이 매수 타이밍에 대한 구체적인 신호를 줍니다.

타이밍의
설정

　　　　주식의 격언 중 "무릎에서 사서 어깨에서 팔라"는 말이 있습니다. 결국, 주식에는 매수와 매도라는 두 가지 중요한 타이밍이 존재하며 발끝에서 머리끝까지는 아니더라도 적당히 높은 수익을 거두라는 의미를 담고 있습니다.

　이 책의 전반적인 내용은 매수 타이밍에 대한 것입니다. 그렇다고 매도 타이밍을 중시하지 않는다거나 이 책에서 관련 내용이 빠져 있는 것은 아닙니다. 매수보다 매도가 더 어렵고 중요하다는 이야기도 있고, 매도 타이밍 하나에 대해서만 집중적으로 설명한 책들도 있습니다.

　하지만 필자는 매수 타이밍을 좀 더 중요하게 생각합니다. 왜냐하면 높은 수익률보다는 빠른 수익을 원하기 때문입니다. 주식은 많은 돈을 벌기보다는 손해를 보지 않는다는 마인드를 가지는 것이 더 중요합니다. 설령 작은 수익률이라 하더라도 단기간에 올린 수익임을 감안 하면 흔히 기준으로 삼는 연수익률은 적어도 두 자리가 넘어갑니다. 굉장한 성과가 아닐 수 없습니다.

흔히들 알고 있는 "달리는 말에 올라타라"는 대표적인 주식 격언에 대해 생각해 봅시다. 이 격언은 올라가는 종목은 같이 동참하라는 뜻으로 매우 그럴듯해 보입니다. 하지만 달리고 있는 말이 언제 어디서 정지를 할지, 반대방향으로 달릴지는 아무도 모를 일입니다.

만약 달리는 말에 올라탔더니 방향을 틀면 어떻게 될까요. 이런 경우는 가만있으면 중간이라도 간다는 말처럼 아무것도 하지 않은 것보다 못한 결과가 됩니다. 반면 상승추세를 유지하되 일시적으로 조정을 받는 종목이 어디까지 떨어질지에 대해서 구체적인 타이밍이 존재한다면 바로 그 시점이 빠른 수익을 가능하게 하는 진입시점이 되는 것입니다.

매수 타이밍을 강조하는 이유를 설명하기 위해 한 가지 상황을 설정해 보겠습니다.

한 사람이 공을 위로 힘차게 던져 올립니다. 공이 올라가다가 어느 순간 방향을 바꾸고 지면에 떨어질 것입니다. 떨어진 공은 지면의 반등으로 통통 튈 것입니다. 자, 이제 던져올린 공이 공중에 떠 있는 임의의 시점에서 사진을 찍고 제3자에게 보여준다고 합시다.

제3자에게 다음과 같은 질문을 할 수 있습니다.

사진상에서 떠 있는 공이 지금 올라가는 것일까요. 내려오고 있는 것일까요. 공이 올라간다면 어디까지 올라갈까요. 내려온다면 어디까지 내려올까요.

네 가지 질문 중에서 분명히 대답할 수 있는 것은 한 가지밖에 없습니다.

"지면에 떨어진 후 통통 튀며 재반등한다."

이것이 분명한 명제입니다.

다시 말해 중간과정의 정지된 시점에서는 공이 올라가는 것인지 내려가는 것인지, 어디까지 올라가는 것인지 알 수는 없습니다. 다만 어디까지 떨어질지는 지면이라는 물리적인 한계가 존재하므로 충분히 예측할수 있습니다. 즉, 중간에 떠 있는 주가에 불확실한 투자를 하기보다는 충분히 떨어진 이후 좀 더 확률이 높은 반등시점에서 매수를 하겠다는 것이 핵심입니다.

어디까지나 비유이기 때문에 실제로 주식과 정확히 매칭시키기 어려운 부분도 있습니다. 특히 확실한 반등을 보장한다는 지면을 주식의 어디에 대입할 것인가 하는 의문은 초미의 관심사가 아닐 수 없습니다. 이 부분에 대해서는 앞으로 지지와 저항을 공부하면서 확률적인 문제로 차차 접근해 보도록 하겠습니다.

장기투자나 가치투자의 관점이라면 언젠가 기다리면 수익이 나니까 조급해하지 말라고 할 수도 있습니다. 하지만 단언컨대, 본인이 투자한 시점에서 빠른 수익을 줄 수 있는 종목에 투자하는 것이 좀 더 흥미롭고 많은 이들이 관심이 있어 하는 부분이라고 생각합니다.

어디까지 올라갈지에 대해서도 나름의 기술적인 잣대들이 있기는 하지만, 필자가 좀 더 관심 있어 하는 것은 어디까지 내려가다 반등할지에 대한 기술적 분석입니다.

계좌의 수익이 플러스가 난 상태에서 언제 팔 것인가, 더 올라갈 것인가의 고민은 행복한 고민입니다. 누군가 종목을 찍어줘야 하는 책임을 져야 한다면, 빠른 수익을 줄 수 있는 매수 타이밍을 제시하고 행복한 고민을 하게 하는 것만으로도 충분하다고 봅니다. 매도 타이밍은 각자가 정하는 것입니다.

기 간

　　바라건대, 일주일안의 승부를 원하는 단기투자입니다. 스캘핑처럼 초 단위로 승부하는 극초단기투자는 아닙니다만, 당일 안에 조금이라도 수익이 나면 경우에 따라 이익 실현 마감할 수 있습니다.

　　첫 매수시점 직후에는 수수료 때문에 마이너스 수익률로 출발하게 되는데, 이것을 극복하고 수익이 난다는 것 자체가 절반이 안 되는 확률을 뚫고 올라선 것이기에 감사히 생각한다는 의미입니다. 만약 떨어지면 추가매수를 통해 평균단가를 낮추고 반등 시에 수익전환이 되면 조금의 수익이라도 만족하고 마감합니다. 이런 과정이 보통 일주일 안에 일어나는 것을 목표로 하고, 길어지면 이주에서 한 달까지 갈 수도 있습니다. 한 달 이상을 끌게 되면 빠른 시간 내의 반등으로 수익을 노리는 단기투자의 성격상 성공의 의미가 퇴색됩니다.

　　본인이 특정매수가에 진입했다면 즉각적인 반등을 바라기 때문에 매수하는 것입니다. 굳이 원하는 기간과 수익을 정해놓고 그때까지 기다린 다음 매도하겠다는 사람이 많을지는 의문입니다. 금방 원하는 수익

이상이 날 수도 있고, 영영 마이너스가 될 수도 있고, 한참 후에 수익전환이 될 수도 있기 때문입니다.

어느 경우가 되었든 가치투자나 장기투자라는 말을 붙여서 '묵묵히 투자하면 된다'라고 무마할 수는 있을 것입니다만, 불확실한 미래를 좋아하는 사람은 없습니다.

예전에 처음 주식을 시작할 때는 우리나라의 대표적인 경제일간지나 신문을 보면서 추천종목을 스크랩하고, 경제전문가의 말을 귀담아들었습니다. 업계의 리포트 중 호재가 있는 종목은 실전에서 매수를 감행하기도 했습니다. 하지만 이러한 호재는 이미 시장에서 충분히 반영된 뒷북 리포트밖에 되지 않으며 대중에게 공개되는 흔한 정보이기 때문에 주가의 타이밍을 정확히 반영하지 못합니다.

이와 관련해서 예전 한 기업의 리포트가 떠오르는데 스크랩해 보았습니다.

2012년 4월 30일, 삼성전자가 연일 신고가를 갱신하며, 거침없는 상승세를 이어가던 시점이었습니다. 언론에서는 앞다투어 삼성전자의 실적과 장밋빛 전망을 보도하며 주가 역시 200만 원은 문제없다는 식의 보도를 하기 시작합니다.

증권가의 고위간부들도 하나같이 삼성전자 매수 리포트를 강력 추천합니다. 경제전문가가 아닌 개인들이 보기에는 여러 신문이나 매체, 오직 증권에만 한평생 몸담고 이야기하는 전문가들이 공통된 의견이니 신뢰가 갈 수밖에 없습니다.

삼성전자 목표가 200만원도 나왔다 한국경제TV | 2012.04.30 (월) 오후 3:13 <
국내 증권사들도 **삼성전자**의 목표가를 200만원까지 끌어올렸다. 동양,한화,대신증권이 목표
가를 200만원으로 상향 조정했고, 195만원(한국투자증권), 190만원(KB투자증권), 180만원(우
리투자증권), 175만원...
네이버에서 보기 | 관련기사 보기 | 이 언론사 내 검색

삼성전자 또 최고가 "200만원 문제없다"
헤럴드경제 | 21면 TOP | 2012.04.30 (월) 오전 11:16 <
장중 한때 140만원 돌파비수기 불구 최대 실적 경신 3분기 갤럭시S3 효과 기대속증권사 목표
가 상향 잇따라 한 달 전 메릴린치가 **삼성전자** 목표가를 200만원으로 제시했을 때만 해도 시
장 반응은 뜨뜻미지근했다....
네이버에서 보기 | 관련기사 보기 | 이 언론사 내 검색

〈생생코스피〉 **삼성전자** 140만원 돌파 또 최고가 경신 이젠 200만원에 베팅
헤럴드생생뉴스 | 2012.04.30 (월) 오전 10:41 <
대신증권에 이어 동양증권과 한화증권이 이날 **삼성전자** 목표주가를 200만원으로 상향조정했다. 박현 동양증권
연구원은 "계절적 비수기임에도 불구하고 스마트폰 판매 호조를 기반으로 1분기 영업이익...
네이버에서 보기 | 관련기사 보기 | 이 언론사 내 검색

삼성전자, 영업익 30조원 시대 개막 목표가 200만원 한화證
뉴스토마토 | 2012.04.30 (월) 오전 8:35 <
한화증권은 30일 **삼성전자**(005930)에 대해 올해 영업이익 전망치 상향(25.6조원→30.3조원)을 반영하며 **삼성전**
자 목표주가를 종전 170만원에서 200만원으로 상향하고 IT 탑픽으로 '매수' 투자의견을 계속 유지한다고...
관련기사 보기 | 이 언론사 내 검색

하지만 이것이 얼마나 허황된 것이었는지는 해당 시점에서 삼성전자
의 차트를 보게 되면, 극명히 드러납니다.

차트에서 보듯이 4월 30일은 모든 매체나 전문가들이 삼성전자의 추
가상승에 목소리를 높였던 지점입니다. 하지만 이틀 정도 지나고 5월이

되자마자 주가는 비웃기라도 하듯, 갑자기 아래쪽으로 방향을 틀어버립니다.

정말 안타까운 것은 이렇게 다양한 뉴스와 분석이 나오자마자 너무 짧은 시간 만에 주가가 곤두박질쳤는데, 불과 보름이 되지 않는 사이에 연일 하락하여 폭락이라는 단어가 어울릴 법한 재앙이 나타났다는 것입니다. 뉴스를 보고 매수를 했더라면 정말 아찔할 수밖에 없습니다.

물론 이 그래프 이후에 주가는 회복되어 최고점 이상의 상승을 하였습니다. 하지만 여기서 이야기하고 싶은 것은 기간의 문제입니다. 누구나 본인이 산 시점에서 빠른 시간 안에 수익이 나기를 기대하는데, 3달 가까운 시간 동안 언제까지 떨어질지 모르는 손실을 감내해야 된다는 것 자체가 성공적인 투자라고 볼 수는 없습니다.

혹자는 이것을 다른 관점에서 이야기하기도 할 수도 있습니다.

"삼성전자와 같은 우량주를 장기투자하는 것은 우리나라 기업과 경제에 도움이 될 뿐만 아니라, 단기적인 투기성향을 자제하고 해당 기업의 진정한 가치를 신뢰하는 건전한 투자이다. 미래 지향적인 가치를 멀리 내다보는 지혜를 가지고 장기투자의 마인드를 잊지 말아야 한다."

너무나 당연하고 교과서적인 발언이라 들어도 뭘 배운 것 같지는 않습니다. 게다가 개인은 자신의 이익을 위해 경제활동을 한다는 인간의 본성과 경제의 기본원칙을 간과했으며, 언젠가는 이라는 알 수 없는 미래를 언급한다는 것 자체가 들으나 마나 한 지루한 강의를 듣는 것과 같아 보입니다.

실제로 당시의 주가를 훌쩍 넘어선 현재 시점에서는 맞는 말입니다.

하지만 이게 정말 맞는 말이기 때문일까요? 아니면 "고장 난 시계도 하루 두 번은 맞는다."라는 어느 경제학자의 이야기에 더 부합하는 말을 위한 말일 뿐인 걸까요?

분명한 건 알 수 없는 미래를 맹신하며 기다리는 사람보다. 빠른 반등으로 당장 수익을 줄 수 있는 타이밍을 기대하는 사람이 더 많다는 것입니다.

기대
수익

　　　　　주식시장에서 우리의 귀를 솔깃하게 하는 것은 대박종목에 대한 언급입니다. 이 종목은 엄청나게 오를 것이라거나, 단기간에 폭등할 수 있는 저력을 가졌다면서 세 자리 넘는 수익률을 제시하기도 합니다.

　이런 말초적인 정보에 노출되다 보면 기대수익 자체가 높아지면서 단기간에 적어도 두 자리 이상의 수익률을 줄 수 있는 대박투자를 꿈꾸는 사람들은 늘어나게 됩니다.

　주식으로 수익을 내는 사람들은 큰돈으로 한탕하는 것이 아니라 적은 수익을 꾸준히 내는 경우가 많습니다. 급등주만 노리면서 대박을 바라는 건 한두 번일 뿐 그러한 요행이 항상 따라다니진 않습니다. 한두 번 얻어걸린 짜릿함에 빠지게 되면 '모 아니면 도'식의 극단적인 투자행태가 나타나면서 한탕주의의 덫으로 인생을 망치는 경우도 심심찮게 보도되고 있습니다.

　보통 주위에 대놓고 자랑하는 사람들을 보면, 실제보다 부풀려서, 혹은 한두 번 수익 낸 걸로 얼마를 벌었다고 하는 경우가 많습니다.

중요한 것은 10,000승 1패라도 1패 때문에 말 그대로 패가망신합니다. 승률이 모든 것을 대변해 주진 않습니다. 그래서 지속 가능한 수익이 중요합니다. 꾸준히 조금씩 수익을 내는 것과 큰 수익을 거두었지만, 한두 번 손실 난 경우를 비교해보면 꾸준히 조금씩 수익을 내는 경우가 수익률이 훨씬 앞선다고 합니다.

앞서 이야기대로 이 책은 단기간에 수익을 줄 수 있는 매수 타이밍을 중점적으로 다룬다고 했지만, 높은 수익률을 달성하기 위한 투자법을 소개하는 것은 아닙니다.

주가의 방향이 위아래 둘 중의 하나이기 때문에 50%의 승부라고 생각하겠지만, 수수료와 세금을 감안해야 하므로 처음에 들어간 순간부터 수익률은 마이너스로 시작합니다. 여기에다 이성적인 사고를 방해하는 사람의 심리와 세력의 작전, 증권가의 불확실한 정보가 개입되면 더더욱 이기기 힘든 게임이 됩니다.

복권의 당첨확률이 매우 낮음에도 그 적은 확률이 실현되리라는 사람의 기대심리가 개입되면 당첨되지 않을 확률에 대해서는 진지하게 생각하지 않는다지요.

단순히 확률만 따진다면 수익 나는 확률이 40% 후반대라고 하지만, 실제로 주식투자로 돈을 벌고 성공하는 개인투자가는 5%도 안 된다고 합니다. 결국, 조금의 수익이라도 얻는다는 것 자체가 주식시장의 대단한 운이자 실력이라고 볼 수 있는 것이지요.

이 책은 0.1%의 수익이라도 수익으로 만족하고 챙기는 마인드, 혹은 손해를 보지 않도록 투자하는 것을 궁극적인 목표로 하고 있습니다. 어떻게 보면 고작 그 정도 수익률 때문에 주식투자 하느냐고 반문할 수도 있겠습니다만, 일주일 안에 1~2%의 수익만 나도 일 년의 수익률은 대략 72% 정도이니 대박이라 해도 과언이 아닙니다.

준비운동

This is
the opportunity

일 봉

일봉의 의미

　일봉이란 차트를 구성하는 가장 기본적인 유닛으로서 당일 주가의 움직임을 고스란히 나타내고 있는 일종의 도형이라고 보면 됩니다. 일봉의 색깔은 빨간색, 파란색 두 가지로 나뉘고, 빨간색을 양봉, 파란색을 음봉이라고 합니다.

　빨간색은 주가가 전 영업일보다 올랐다는 것을 뜻하는 양의 의미를 지니므로 양봉이라고 하며, 파란색은 반대로 전 영업일보다 내렸다는 것을 의미하니까 음봉이라고 표현합니다.
　색깔 이외에 보아야 할 것은 아래위로 달린 꼬리인데 이것은 장중에, 그러니까 몸통을 포함한 중간과정의 유동적인 움직임을 나타냅니다. 즉, 몸통을 포함한 꼬리의 길이가 길면 길수록 주가의 변동성은 커진다는 것을 의미합니다.

시간의 흐름을 '시작점 – 중간과정 – 끝'이라고 나눈다면, 여기서 시작점은 시가라고 표현하며, 중간과정은 꼬리 부분과 몸통의 길이를 의미하며, 끝은 종가라고 표현할 수 있겠습니다.

만약 빨간 양봉이라면, 당일의 최종주가가 전 영업일보다 올랐음을 뜻하므로 몸통의 밑부분이 시가가 되고, 윗부분은 종가가 되는 것이고, 음봉은 그 반대가 됩니다. 이것을 그림으로 나타내면 다음과 같습니다.

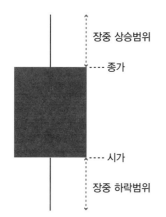

시가: 당일의 시작가
종가: 당일의 마감가
위꼬리: 장중에 종가 위로 움직인 범위
아래꼬리: 장중에 시가 밑으로 움직임 범위

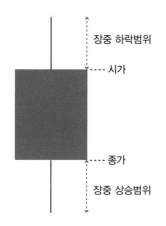

다른 부분은 양봉과 같은데 색깔이 파란색이라는 점과 시가와 종가의 위치가 바뀌었지요.
음봉은 당일의 최종주가가 전 영업일보다 내렸다는 것을 의미하므로 높은 가격이 시가가 되고, 낮은 가격이 종가가 됩니다.

이를 기본으로 하여, 조금 다른 형태의 일봉을 살펴보겠습니다.

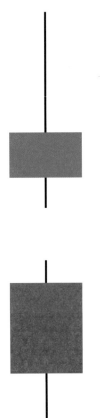

몸통이 작고, 윗부분의 꼬리가 긴 형태입니다. 굳
이 따진다면 바람직한 주가의 흐름은 아닙니다.
주가가 장중에 높이 올라갔지만 압력을 받아 고
스란히 상승분을 반납하고, 여기에 더해 시가보
다 하락했음을 의미합니다.

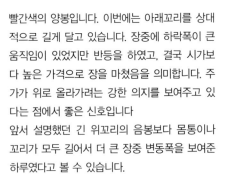

빨간색의 양봉입니다. 이번에는 아래꼬리를 상대
적으로 길게 달고 있습니다. 장중에 하락폭이 큰
움직임이 있었지만 반등을 하였고, 결국 시가보
다 높은 가격으로 장을 마쳤음을 의미합니다. 주
가가 위로 올라가려는 강한 의지를 보여주고 있
다는 점에서 좋은 신호입니다
앞서 설명했던 긴 위꼬리의 음봉보다 몸통이나
꼬리가 모두 길어서 더 큰 장중 변동폭을 보여준
하루였다고 볼 수 있습니다.

이로써 일봉에 대한 간략한 설명을 마치고자 하는데, 한 가지 당부하
는 것은 일봉 자체의 개별적인 움직임에 너무 민감해할 필요는 없다는
것입니다.

여기서는 각 부분이 무엇을 의미하는지 정도만 알고 넘어가면 됩니다. 어떤 책에는 일봉 부분에 대해 상세한 설명을 하면서 좋다. 나쁘다에 대해 너무 단언적인 의미를 부여한다든가, 일봉 두세 개의 움직임을 놓고, 어떠한 형태라는 용어로 규정지으면서 주가의 다음 움직임을 예상하는 내용을 볼 수 있는데, 그 내용이 실전에 그대로 적용하기에는 무리가 있습니다.

주가의 하루 움직임은 세력이 개입되어 의도적인 움직임이 있는가 하면, 종목 자체의 호재나 악재, 외국인의 움직임, 개인의 심리, 증권사의 주문착오 등에 의해 일시적으로 큰 변동을 나타낼 수 있기 때문입니다.

조 정

보통 조정을 받는다. 조정구간이라고 표현하는 것은 주가가 더 이상 상승하지 못하고 하락하거나 쉬어가는 것을 의미합니다.

아무리 좋은 실적으로 무장한 최고의 우량주라도 매일매일 상승만할 수는 없습니다. 그러다 보니 차트의 모양은 마치 너울처럼 혹은 빨랫줄처럼 그 길이와 높이가 다른 부침을 반복하게 되는데, 이 중에서주가가 하락하거나 횡보하는 모습을 보일 때를 조정구간이라고 합니다.매우 간단한 개념인 이 용어에 지면을 할애하는 이유는 이것이 필자의가장 핵심적인 투자기법이기 때문입니다.

조정구간 속에는 눌림목이라는 매수급소가 존재하기 마련이고 이 시점을매수 타이밍으로 잡는 것이 이 책에서 설명하고 있는 내용의 대부분입니다.위로 던져진 공을 공중에서 베팅하지 않고, 지면에 닿는 순간을 기다렸다가 매수한다고 말한 부분과 연관 지어 생각하면 쉽습니다.

지지와
저항

주가의 하락을 멈추게 하고 위로 반등시키는 힘을 받을 때 지지가 된다고 표현을 하며 반대로 상승흐름을 방해하고 밑으로 내리찍는 힘을 받을 때 저항을 받는다라고 합니다. 그러므로 지지가 되는 시점에서는 매수(사는 것)하는 것이고, 저항을 받는 시점에서는 매도(파는 것)가 권장됩니다.

앞서 조정구간을 이용한 눌림목 매매가 전체적인 매수패턴을 표현한 것이라면 지지와 저항은 매수포인트를 정확히 잡기 위한 기준이 된다고 할 수 있습니다.

지지와 저항을 파악하는 지표는 다양하게 존재하는데 그중 첫 번째는 기본 중의 기본인 이동평균선이 있습니다. 차트를 보면 일봉 이외에도 몇 가지 선들이 어지럽게 빨랫줄처럼 널려 있는 것을 확인할 수 있는데, 이것이 바로 이동평균선의 배열이라고 보면 됩니다.

이 책에서 다루고 있는 대부분의 내용들은 지지와 저항. 그중에서도 이동평균선을 이용한 분석과 활용이라고 할 만큼 굉장히 중요한 개념이라 할 수 있습니다. 이외에도 주가 자체나 일봉의 흐름이 만드는 가상의 지지와 저항, 심리적인 가격라인 등등이 존재하는데 이 부분들 역시 이동평균선과 더불어 앞으로 살펴볼 내용들입니다.

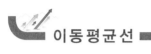

이동평균선

의미와 역할

일봉이 그날 하루의 주가 움직임을 나타내는 도형이라면, 하루가 아닌 과거의 일정 기간 동안 주가가 평균적으로 어떻게 움직였는지 평균적인 수치를 선으로 이어본 것이 이동평균선(이하 이평선)이라고 합니다. 이평선에는 5일선, 20일선, 60일선, 120일선을 비롯해서 많은 라인을 설정할 수 있습니다.

예를 들어 5일선이라고 하면, 매일매일 지난 5일 동안 주가평균을 점으로 찍은 뒤에 연결한 선이라고 보면 됩니다.

이동평균선이 중요한 이유는 지지와 저항이라는 기술적 분석의 핵심이 되기 때문입니다. 주가는 이평선에서 반등을 하거나, 저항을 맞고 떨어지기도 하고, 타고 올라가기도 하므로 투자의 타이밍을 잡는데 중요한 역할을 합니다.

이평선의 설정이나 의미는 고정된 것은 아니지만, 단기 5일~30일, 중기 30~100일, 장기 100일 이상이며, 5일선 심리선, 20일선 금리선, 60일선 수급선, 90일선 추세선, 120일선 경기선으로 이론상 구분하기도 합니다.

60일선을 기준으로 적은 단위는 단기적인 생명선, 큰 단위는 장기적인 추세선으로 구분하여 단기적인 관점과 장기적인 관점에서 각각 이평선을 이용한 주가의 방향성에 대해 분석하기도 합니다.

통상적으로 중요한 이동평균선은 20일 이동평균선으로 생명선이라고도 표현하며, 주가가 이러한 이평선들을 이탈 시에는 일종의 매도신호로 해석하고 있습니다.

이론적인 내용이니 대충 의미 정도만 파악하면 됩니다.

실전에서 쓰는 설정

보통 많이 알려지고, 실제로 많이 사용되는 지표로는 5, 10, 20, 60, 120일선을 설정합니다만, 필자는 33, 75, 150, 200일선을 추가해서 분석을 합니다. HTS상에서는 5개의 이평선까지 설정할 수 있으므로 15, 33, 60, 75, 150 이렇게 설정을 해서 써보니 실제로 많은 도움이 되는 것 같아 개인적으로 권장하는 방법이기도 합니다.

필자는 주가가 충분히 조정을 받은 후 반등이 예상되는 시점을 매수 타이밍으로 잡는데 5일선, 10일선 등의 단기이평선은 잘 보지 않고, 33일선부터 본격적인 조정의 의미부여를 합니다.

보통 많이 알려진 20일선 대신 33일선을 보는 이유는 그 중요하다는 생명선인 20일선에서 정확히 반등하는 게 아니라 잠깐 이탈 후에 반등하는 경우가 많은데, 그 시점을 찾아보니 33일선상에 존재하는 경우가 많기 때문입니다.

이것은 60일선과 75일선을 동시에 보는 이유기도 합니다. 기간차이가 얼마 나지 않아 두 이평선은 가깝게 붙어있는데, 반등시점을 60일선으로 잡자니 이탈하는 경우가 많아 애매할 때, 75일선까지 기다렸다가 매수하

마찬가지로 장기이평선을 볼 때에도 120일선, 150일선, 200일선 등을 보고 어떤 이평선을 지지할지 판단하기도 합니다.

다음의 그래프를 통해 위의 내용들을 정리해 봅니다.

차트를 보면 왼쪽 상단에 이평선을 어떻게 설정했는지 나옵니다.

각각의 이평선이 색깔을 달리하고 있어, 실제 차트에서 어떤 이평선을 가리키는지 참고할 수 있습니다. 이는 HTS상의 설정을 통해 이평선의 수치나 색깔을 달리할 수 있습니다.

정배열과 역배열

차트를 보면 이평선들이 어지럽게 꼬여있거나 평행하게 나열되거나 뭉쳐있는 등 가지각색의 모양새로 널려 있는 것을 발견하게 됩니다. 이 중에서 비교적 평행하고 가지런하게 나열된 이평선들은 일정한 규칙성을 찾아볼 수 있는데, 장단기이평선의 배열순서에 따라 정배열과 역배열로 구분을 짓습니다.

정배열이란 차트의 위에서 아래로 갈수록 장기이평선이 배열되는 경우를 말하며 전형적인 깔끔한 상승추세일 때 나타납니다. 이와는 반대로 역배열은 아래로 갈수록 단기이평선이 배치되며 하락추세일 때 관찰됩니다.

실전 차트를 통해 익혀보도록 하겠습니다.

〈정배열형태〉

한눈에 파악될 수 있도록 차트상에 보기 쉽게 설명해 놓았습니다. 주가가 우상향의 형태로 진행하다 보니, 이평선들도 같이 따라 올라가는 모습입니다. 급등락으로 인한 큰 변동성이 없다 보니, 이평선들도 꼬임 없이 서로 평행하고 가지런한 상태로 올라가게 됩니다.

우리가 실전투자의 대상으로 삼는 종목들은 대부분 여기에 해당하므로, 잘 눈여겨보시기 바랍니다.

〈역배열 형태〉

이평선이 서로 꼬임 없이 평행하게 진행하고 있다는 점은 정배열과 같
지만, 우하향의 하락추세다 보니 이평선들도 같은 방향으로 진행하고
있습니다. 아래에서 위로 갈수록 장기이평선이 배열된 형태이니, 쉽게
이야기하면 정배열 차트를 거꾸로 하니 역배열이 된다고 할 수도 있겠
습니다.

 일봉과 이평선의 희로애락

이평선이 일종의 지지와 저항의 지표가 된다고 하였습니다. 즉 이평선
이 주가 밑에 있을 때는 지지선이 될 수 있고, 주가 위에 있을 때는 저
항선이 될 수 있다는 말입니다.

또한, 이평선과 주가의 움직임을 살펴보면 그들 사이에 묘한 줄다리기
나 심리가 개입되어 있음을 알 수 있습니다.

예를 들면 주가가 이평선을 붕괴하지 않기 위해 애쓰는 모습, 일단 붕괴되고 나면 미련없이 다음 이평선까지 하락하는 모습, 밑에서 위로 올라서려고 애쓰는 모습 등이 그 예라 할 수 있겠습니다.

다음 그래프를 통해 그 의미를 알아볼 수 있는 일련의 희노애락을 살펴봅시다.

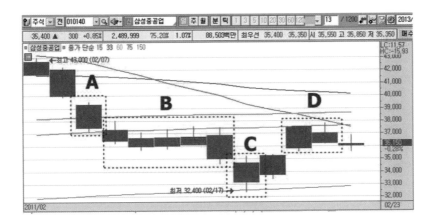

A 지점

노란색 60일선을 이탈하고 장중에 녹색 75일선까지 왔으나, 지지력을 확인시켜주듯 반등하여 75일선 위에서 종가로 마감한 모습입니다.

B 지점

주가가 75일선을 놓고 며칠에 걸쳐 치열한 공방을 벌이고 있습니다. 일단 75일선을 살짝 이탈한 주가는 위꼬리를 올려놓으며 장중에 75일선까지 올라탔다가 힘에 부치는 듯 계속 밑에서 맴돌고 있습니다.

C 지점

B 이후에 결국 주가는 75일선을 지키지 못하고 다음 지지선인 검은색 150일 선까지 시원하게 떨어집니다. 여기서 우리는 75일선을 지키기 위해 부단히 며칠 동안 노력했으나 성공하지 못하자 불과 하루 이틀 만에 다음 지지선까지 큰 낙폭을 가지고 떨어지는 것을 확인할 수 있습니다. 마치 이건 아니다 싶어서 포기하고 얼른 손을 놓아버린 듯한 모습입니다.

D 지점

150일선을 딛고 반등한 주가는 이제 위에서 버티고 있는 75일선을 뚫기 위한 몸부림을 보여줍니다. 한 번에 올라가지 못하고 이틀 동안 75일선을 붙잡고 고군분투하였으나 아직은 더 두고 봐야 할 것 같습니다.

좀 더 복습하는 의미로 한 가지 예를 더 살펴보겠습니다.

종목선택의 첫 번째 단추는 전체적인 추세의 판단이지만, 구체적인 타이밍을 잡기 위해서는 일봉과 이평선 사이의 세세한 움직임에 대해 이해할 수 있는 능력이 필요합니다.

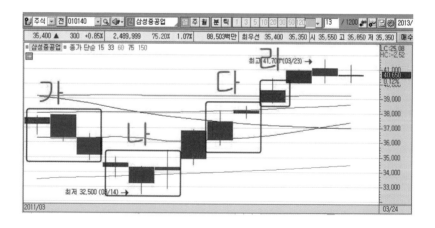

가 지점

녹색인 75일선을 이탈한 주가가 다음으로 밑에서 받치고 있던 자주색 15일선을 지킬 것인지 방황하는 모습을 보여줍니다.

처음 이틀간은 15일선을 붕괴하지 않고 버티는 모양새지만 세 번째 되는 날은 시가가 정확히 15일선에 해당하는 가격에서 시작하더니 장중 위꼬리를 달면서 노력하지만 결국 음봉의 형태로 15일선이 이탈된 상태에서 장을 마감하게 됩니다.

나 지점

15일선을 이탈한 주가는 그다음 지지선인 검은색 150일선을 놓고 공방을 벌이게 됩니다.

첫째 날은 장중에 150일선을 터치하고 반등에 성공하여 장을 마감했지만, 둘째, 셋째 날은 150일선에 걸친 채 장중 이탈과 회복을 반복하며 고뇌하는 모습을 보여줍니다.

다 지점

다행히 150일선에서 반등에 성공한 주가는 이제 지지선이 아니라 저항선이 되어 버린 이평선을 뚫기 위해 애를 쓰게 됩니다.

관건은 첫째 관문인 파란색 33일선과 둘째 관문인 녹색 75일선입니다. 첫째 날은 장중에 33일선을 뚫고 75일선까지 터치하지만 결국 33일선 도달에 만족한 채로 장을 마감하게 됩니다. 둘째 날은 75일선을 두고 부근에서 많은 방황을 하다가 결국 75일선에 도달한 채로 장을 마감합니다. 완전히 뚫은 것이 아니라 살짝 발을 얹어놓은 형태이니, 추가상승을 할 수 있을지는 아직 미지수입니다.

라 지점

시가가 애초부터 75일선 위에서 시작되면서 상큼한 출발을 보입니다. 이제는 다음 관문이자 마지막 저항선으로 위치한 노란색 60일선을 뚫을지가 관건인데, 역시 쉽지는 않습니다.

장중에 60일선을 돌파하기도, 이탈하기도 하면서 부근에서 맴돌다가 결국엔 양봉의 형태로 60일선 위에서 하루를 마감합니다. 일봉 자체를 놓고 보면, 양봉이긴 하지만, 비교적 긴 위꼬리를 달고 있으니, 주가가 올라가려고 할 때마다 상승을 방해하는 힘이 느껴집니다. 역시 이평선이라는 저항선을 쉽게 내주지는 않습니다.

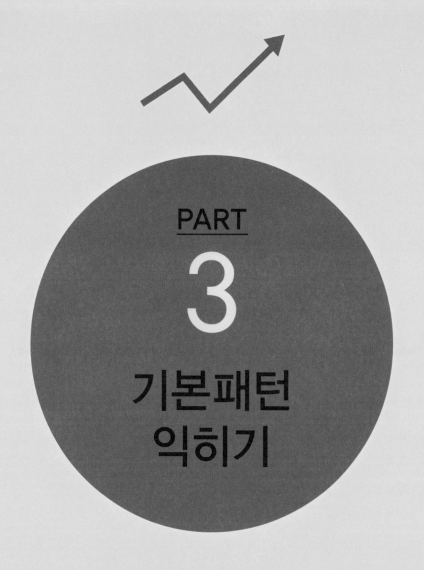

PART

3

기본패턴 익히기

Don't lose this opportunity now

상승
추세

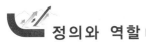 정의와 역할

    추세란 경제변동 중에서 장기간에 걸친 성장·정체·후퇴 등 변동경향을 나타내는 움직임을 말합니다. 즉 '한쪽 방향의 일관적이고 지속적인 흐름'을 뜻합니다. 추세가 중요한 이유는 중장기적으로 주식이 어떤 방향으로 나아갈지에 대한 지침이 되기 때문입니다.

    예를 들어 서울에서 부산까지 고속도로가 직선은 아닙니다. 잠깐 옆으로 갔다가 뒤로 갔다가 결국은 부산까지 가는 것이죠. 마찬가지로 주식도 상승, 아니면 하락인데 전체적인 분위기가 어느 한 쪽으로 기울면 비틀대는 경우는 있어도 결국은 한쪽 방향으로 가려는 성질이 있는 것입니다.

    술에 취한 사람이 비틀대면서 마치 곡선을 그리듯 지그재그로 걸어갑니다. 당장 몇 초간 한눈에 보기에는 대체 어디로 가는지 알 수 없겠지만 일정 기간을 놓고 보면 이 사람이 비틀대며 걸어도 결국에는 집이라는 일정한 목적지를 두고 이동했음을 알게 됩니다.

상승추세를 강조하는 이유는 일종의 안전판 역할을 한다는 데 의의가 있습니다. 앞서 단기투자를 목표로 한다고 했는데, 모든 투자가 원하는 대로 이루어지지 않는 경우도 있을 것입니다. 매수가보다 주가가 하락하게 되면 손절을 해야 할지, 수익전환을 할 수 있을 때까지 기다려야 하는지 고민이 가장 클 것입니다.

이때, 상승추세였던 종목이라면 기존의 추세를 연장하는 움직임이 나올 가능성이 높으므로, 결국 수익전환이라는 기다림의 보상을 받게 됩니다. 즉, 빠른 반등에 실패하여 원하는 시나리오대로 가지 못했다 하더라도, 잃지 않는 투자를 할 수 있는 기회를 준다는 데 그 안전판의 의의가 있다는 것입니다.

그렇다면 추세를 판단하는 기준은 어떻게 설정할까요?

차트상으로는 몇 주 또는 몇 개월이 안 되는 단기적인 흐름도 있고, 6개월에서 몇 년에 걸친 장기적인 큰 물결도 있습니다. 결론적으로 상승추세에 부합하는 기준은 6개월 이상의 기간을 설정했을 때 우상향의 그래프를 말합니다. 6개월 이상이라는 짧지 않은 기간을 두는 이유는 앞서 이야기한 바처럼 일정 기간을 놓고 보아야 전체적인 방향이 보이기 때문입니다.

다음은 추세를 어떤 식으로 관찰하고 정의할 수 있는지 알아볼 수 있는 그래프입니다.

다음 그래프는 삼성엔지니어링의 10년에 걸친 월봉을 나타낸 것입니다. 이 기간 동안 크게 구분을 지어본다면 2번의 상승, 2번의 하락구간이 있었고, 결국 10년 동안 4번의 추세를 관찰할 수 있었습니다. 평균적으로 30개월을 주기로 추세의 전환이 있었는데, 이 정도 기간이면 꽤 오랜 기간 한쪽 포지션을 유지한다고 볼 수 있을 것입니다. 이처럼 추세는 한번 형성이 되면 상당기간 그 흐름을 유지하는 것을 알 수 있습니다.

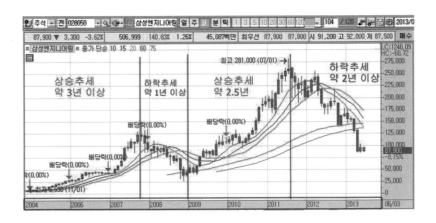

동일한 방법으로 한 종목을 더 살펴보겠습니다.

마찬가지로 8년이라는 장기간의 움직임을 추세별로 나누어 보았습니다. 두 번의 상승추세 모두 2년 이상의 오랜 기간을 유지하고 있습니다.

생각해 볼 점은 특정시점에서 매수했을 때 플러스 수익률을 얻을 수 있느냐를 결정하는 것은 어떤 추세에서 진입했느냐의 여부라는 것입니다.

만약 상승추세에 있던 기간 중에 매수가 되었다면 설령 당장 얼마간은 하락의 쓴맛을 본다고 해도 오래지 않아 기존의 추세를 이어나가는 상승을 유지하여 수익전환을 할 수 있다는 뜻이 됩니다.

물론 상승을 마감하는 끝물을 잡고 하락추세의 전환을 맞게 되는 불운의 케이스도 있을 것입니다만, 그렇지 않을 확률은 훨씬 더 크다는 점이 여전히 매력일 것입니다. 이는 하락추세일 때도 마찬가지여서 추세를 잘못 만나게 되면 기다린다고 해도 손실만 더 커진다는 것을 의미하게 됩니다.

이처럼 추세를 파악하는 것은 투자의 첫 번째 단추임을 잊어서는 안 될 것입니다.

상승추세의 등급

똑같은 상승추세로 분류되는 종목이라도 좀 더 좋고 나쁨의 등급은 있습니다. 가장 좋은 상승추세는 일단 한눈에 보기에도 지저분하지 않고, 우상향의 일관적인 형태로 곧게 뻗어 있습니다.

즉, 급등락으로 인해 일봉의 몸통이나 꼬리가 들쭉날쭉한 상태로 차트가 어지럽지 않으며, 급등이나 급락보다는 완만한 경사로 직선에 가까운 우상향의 형태를 보입니다.

이러다 보면, 자연히 이동평균선 또한 정배열로 나열되면서 주가 그래프와 평행인 상태로 달리게 됩니다. 또한 기술적 분석의 일반적인 법칙을 잘 지켜주기 때문에 이평선에 의한 지지와 저항 또한 예상할 수 있는 범위 내에서 움직일 가능성이 높습니다. 실전 차트를 통해 감을 익혀봅시다.

매우 깔끔한 정석적인 상승추세

[예시1]

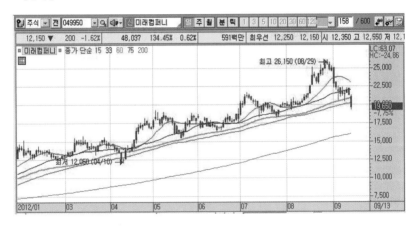

주가가 횡보하다가 일정한 주기로 계단식 상승을 반복하고 있습니다. 이평선이 정배열이고, 조정을 받을 때마다 매번 이평선을 잘 지켜주며 반등하여 경사가 완만한 상승추세를 이끌고 있습니다. (그래프 이후 폭락으로 추세가 하락으로 전환되었지만, 당시까지의 좋은 흐름을 나타내기 위한 예시입니다.)

마찬가지로 이평선이 정배열이면서 60일선 밑으로는 내려가지 않고 반등해주는 일관성을 보이고 있습니다. 중장기이평선들은 거의 직선의 형태로 서로 평행하게 우상향으로 올라가는 모습이 매우 깔끔해 보입니다.

비교적 괜찮은 상승추세

[예시1]

부분적으로 급등락이 있다 보니 급경사도 보이고, 단기이평선들이 어지러이 꼬여버린 형상이라 썩 깨끗해 보이지는 않습니다. 또한, 이평선 반등이 정확히 나오질 않고, 상당한 오차범위를 보이고 있어 정확한 반등시점을 잡기가 어렵습니다. 하지만 전반적으로 추세나 장기이평선의 모습이 우상향의 형태를 유지하고 있습니다.

[예시2]

꽤 괜찮아 보이는 종목입니다만 최상급이라 하기엔 조금 아쉬운 부분이 있습니다. 전체적으로 경사가 완만한 형태로 우상향이 되어야 하는데, 부분적으로 과도한 조정을 받으면서 움푹 패이거나, 경사가 밑으로 틀어진 부분도 발견됩니다. 또한, 마지막에는 심한 조정으로 150일선을 훨씬 이탈하고 있으니 이평선 지지에 대한 의문도 아쉬운 점입니다.

판단하기 어려운 형태

상승추세도 하락추세도 아닌 그래프를 말합니다.

전체적인 추세가 우상향인지 우하향인지 판단할 수 없습니다.

주가가 어지럽게 급등락을 반복하면서 횡보하거나, 특정한 이평선을 지지를 확인할 수 없어 매수포인트를 잡기 힘듭니다.

하락추세를 포함하여 이런 종목군은 투자대상에서 제외합니다.

[예시1]

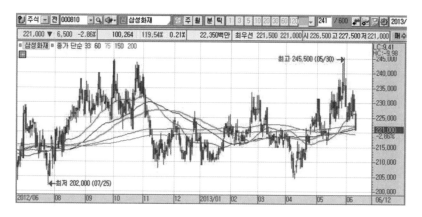

일단 그래프의 모양이 우상향이 아니라 들쭉날쭉합니다. 또한, 급등락도 보이고, 장중의 변동성이 커서 위아래로 긴 몸통과 꼬리를 가진 일봉이 많습니다. 일관성이 없어 보입니다. 주가가 이평선을 위아래로 넘나들기 때문에 별다른 지지력을 관찰할 수 없습니다.

거래소 대표 우량주인 삼성화재라도 차트상의 흐름이 이렇게 분명한 상승추세가 아니라면 투자대상 종목에서 제외합니다.

[예시2]

　상승과 하락의 큰 물결과 작은 물결이 두서없이 펼쳐져 있습니다. 고작 몇 달을 주기로 큰 진폭이 있다 보니 추세 자체를 정의할 수 없습니다. 이평선을 쉽게 뚫고, 쉽게 이탈하다 보니 이평선 지지에 대한 일관성 또한 찾을 수 없습니다.

　2012년부터 2달 정도 상승하고 있지만, 상승추세라고 말하기에는 기간이 너무 짧습니다.

하락추세

　추가로 하락추세에 대해 살펴보겠습니다. 타산지석이라고 하지요. 좋은 것을 보고 배우는 것뿐만이 아니라, 좋지 않은 것 또한 보면서, 하지 말아야 된다는 교훈을 얻고자 합니다.

CASE 1

주가와 이평선의 흐름이 한눈에 보아도 우하향의 형태입니다. 이평선
이 역배열이고, 저항선 역할을 하다 보니 올라가려고 할 때마다 이평선
에 부딪쳐서 다시 내려오기를 반복합니다.

운이 좋게 단기적으로 수익이 난다 해도, 시간이 지날수록 손실은 더
커지게 됩니다. 상승추세로의 전환은 언제일지 아무도 알 수 없습니다.

CASE 2

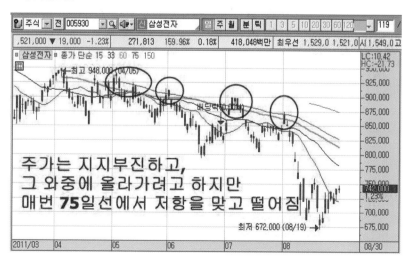

주식시장의 최고 블루칩인 1등주 삼성전자 그래프입니다. 보통 무책임한 말 중 하나가 모르면 그냥 우량주에 묻어두고 올라갈 때까지 기다리라는 말인데요. 추세가 한 번 형성이 되면 역전되기까지 상당한 시간이 걸리므로 잠을 설치게 되는 불상사를 피하기 위해서라도 하락추세는 건드리지 말아야 합니다. 이토록 무한신뢰를 바탕으로 하는 삼성전자도 추세라는 대세 앞에서는 한동안 잠잠할 수밖에 없습니다.

돈이라는 게 이자의 개념도 있는데 6개월이 넘는 동안 마이너스인 상태로 기회비용을 날리게 되는 셈입니다. 물론 장기투자할 생각으로 묻어두고, 계속 추가매수를 한다면 모르겠지만 빠른 수익을 거두고자 하는 효율성의 개념으론 적합해 보이지 않습니다. 결국, 종목선정의 기준은 기업의 규모나 평판이나 업계순위가 아니라 좋은 타이밍이라는 것을 반증해 주고 있습니다.

CASE 3

마찬가지로 거래소 대표 우량종목이라고 보는 삼성전기의 차트입니

다. 삼성 관련주는 굳이 기본적 분석을 하지 않더라도 우리 귀에 익숙한 실적이 좋은 우수한 기업으로 알고 있습니다. 하지만 이러한 종목도 추세 자체가 하락일 때는 힘을 쓰지 못하고, 반등하려고 할 때마다 이동평균선이라는 저항에 부딪혀 재차 하락하는 모습을 보여주고 있습니다.

상승추세일 때에는 이평선이 주가 밑에서 받쳐주는 지지선의 역할을 하지만, 하락추세일 때는 주가 위에서 상승을 방해하는 저항선의 역할을 한다는 것을 항상 명심해야 합니다. 또한, 이평선의 배열도 상승추세일 때에는 위에서부터 차례로 단기 → 장기로 깔려있는 정배열이지만, 하락추세일 때에는 장기 → 단기로 깔려있는 역배열의 모양을 하고 있음을 알 수 있습니다.

그래프상에 번호를 매긴 부분은 주가가 저항을 맞고 떨어지는 지점을 표시한 것으로서 좀 더 간략하게 보충 설명하자면,

1. 33일선에서 저항을 맞고 떨어집니다. 이미 그전부터 역배열의 하락추세인 상황인데, 더 큰 불상사를 막기 위해서라도 손을 대지 않는 것이 좋습니다.
2. 전체적인 하락추세의 과정이지만, 짧은 흐름상 반등을 보여주며 15일선, 33일선을 차례로 뚫게 됩니다. 하지만 결국 노란색 60일선의 저항을 이기지 못하고 재차 하락합니다.
3. 75일선까지 뚫으면서 추세의 완전한 전환을 기대했으나, 이번에는 장기이평선인 검은색 150일선에서 주춤하며 재차 하락하고 있습니다.

이처럼 하락추세의 종목은 단기이평선을 뚫어내는 일시적인 상승반란을 꾀할 순 있어도, 더 큰 관문인 장기이평선을 뚫어내야 하기 때문

에, 결국엔 찻잣속의 태풍에 그칠 수 밖에 없는 운명적인 한계를 염두해 두어야 합니다.

상승추세와 하락추세의 전환

주가에는 항상 이평선이 과거의 주가 흐름을 반영하며 따라다닙니다. 이렇게 따라다니는 이평선과 주가가 서로 어떻게 위치해 있는가에 따라 이평선의 의미와 역할은 정반대가 될 수 있습니다.

이평선이 주가를 떠받쳐주는 지지선 역할을 한다고 이야기할 때는, 상승추세일 때를 말하는 것이고, 반대로 하락추세일 때는 주가 위에 형성된 이평선이 오히려 저항선 역할을 하게 됩니다. 따라서 추세전환이 나타나는 종목이 있다면 이평선이 어떤 식으로 움직이면서 역할을 바꾸는지 살펴볼 수 있는 좋은 기회가 될 것입니다.

다음 그래프는 상승추세에서 하락추세로 바뀌어가는 과도기를 나타내고 있습니다.

2011년 중순까지 견조한 상승추세였던 것이 갑자기 폭락을 맞게 됩니다. 상승추세였을 때 동그라미 친 부분에서 33일선 지지를 보여주다가 급락하면서 150주선까지 내려옵니다.

이 당시라면 아직 상승추세가 무너진 것인지 속단하기 힘듭니다. 왜냐하면, 150주선에서 반등하며 우상향의 견조한 상승추세를 이어갈 수도 있기 때문에 좀 더 지켜봐야 할 것입니다. 다행히 150주선에서 정확히 반등하면서 주가를 끌어올리지만, 그동안 우상향이었던 이평선들이 어느새 변곡점을 맞더니 슬금슬금 우하향의 하락세로 흘러내리기 시작합니다. 이후에는 주가가 출렁대면서 위로 올라가려고 할 때마다 찍어눌러버리는 저항선의 역할을 하게 됨을 알 수 있습니다.

결국, 이 차트는 추세에 따라 이평선이 지지선에서 저항선으로 바뀌어감을 나타내는 대표적인 사례라 할 수 있겠습니다.

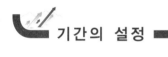

기간의 설정

짧은 기간엔 알 수 없다

상승추세의 판단을 위해 필요한 기간은 최소 6개월 이상으로 봅니다. 보통 초보자들의 경우에는 개별적인 일봉 자체의 움직임만 보면서 기간을 매우 짧게 놓고 차트를 봅니다. 이것은 장님 코끼리 만지는 식이 될 수밖에 없습니다.

우리가 첫 번째로 파악해야 되는 것은 이 종목의 하루하루 개별적인 일봉을 보는 것이 아니라 전체적인 움직임을 보는 것입니다. 그리고 그 움직임의 방향성에 대해 결론을 내리기에는 최소 6개월 이상의 기간이 필요

하다는 것이지요. 상승추세를 유지하는 시간이 길면 길수록 해당 종목
에 대한 신뢰도가 더욱 높아지게 되는 것은 두말할 여지가 없습니다.

그렇다면 동일종목의 기간설정을 단기와 장기로 했을 때 어떻게 해석
이 달라질 수 있는지 알아보기 위해 실전 차트를 통해 알아보겠습니다.

〈기간을 단기로 설정했을 때〉

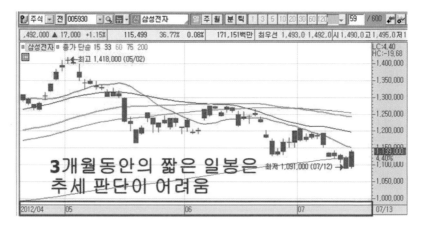

그래프 아랫부분 기간을 표시한 빨간 박스를 보면 2012년 4월~7월
까지 대략 3개월의 기간을 설정했음을 알 수 있습니다. 이렇게 놓고 보
니 5월이 되면서 고점을 찍은 주가가 아래로 하락하는 모습을 보이고
있습니다.

중간에 있는 단중기이평선을 모두 이탈하면서 장기이평선인 200일선
까지 하락한 상태입니다. 단기적으로 관찰할 때는 하락하는 종목으로 보입
니다.

다음은 동일 종목에 대해 관찰기간을 좀 더 늘려보겠습니다.

〈기간을 장기로 설정했을 때〉

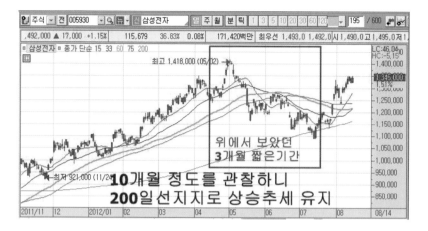

위의 그래프에서 보듯이 박스 안의 짧은 기간 동안 만큼은 하락을 면치 못하는 형편없는 차트가 되지만, 기간을 늘려서 살펴보니 그 폭락의 기간 동안 200일선에서 반등하면서 전체적으로는 상승추세를 유지하고 있음을 알 수 있습니다. 200일선 정도이면 장기추세선 중에서도 가장 긴 이평선에 속하는데, 이마저도 이탈했다면 추세 자체가 하락으로 전환될 수도 있는 상황이었습니다.

하지만 다행히 200일선 반등 이후에도 꾸준히 상승해 주었고, 그 과정에 있는 중간단계의 이평선도 모두 뚫어냈습니다. 이렇게 되면 일시적으로 역배열로 흐트러졌던 이평선들도 점차 정배열로 자리 잡게 되고, 재차 상승추세를 유지해가는 형태를 보일 것입니다.

 주봉과 월봉활용

상승추세의 관찰을 위해 6개월 이상의 일봉을 살펴본다고 했는데요.

이처럼 기간을 충분히 두었는데도 일봉상의 상승추세를 관찰하기가 힘든 경우가 있습니다. 간혹 개인적으로 추세와는 별개로 애착이 가는 종목은 한두 종목 있기 마련입니다. 분명히 거래소 대표 우량종목이고, 실적도 괜찮은데, 추세가 탐탁지 않아 망설여지는 종목이라면 지나치기 아쉬울 것입니다.

이 경우 주봉을 보면, 좀 더 장기간의 평균적인 움직임을 관찰할 수 있기 때문에 주봉상에서 이평선을 잘 지켜가며 상승하고 있다면 아직까지 이 종목은 상승추세를 유지하고 있다고 보는 것입니다. 주봉이 여전히 상승추세를 유지하고 있다면 월봉 또한 마찬가지일 확률은 높습니다. 하지만 실전에서는 일봉과 주봉이 중요시되며, 이렇게 두 종류의 그래프가 살아있는 것을 전제로 월봉을 보조적으로 살펴보는 것일 뿐입니다.

다음의 두 가지 그래프를 직접 비교하면서 주봉이 어떻게 활용될 수 있는지 살펴봅시다.

추세가 애매한 일봉

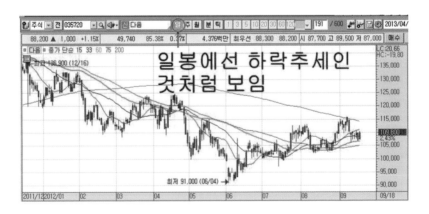

2011년 말부터 10개월의 기간을 설정했으니 추세를 판단하기에는 충분해 보입니다. 한눈에 보아도 상승추세라고 판단할 수 없을 정도로 우하향의 그래프입니다.

주가가 위로 올라가려고 할 때마다 이평선의 저항을 받아 좌절되는 모습을 보니 미래가 없어 보이기도 합니다.

추세가 분명히 보이는 주봉

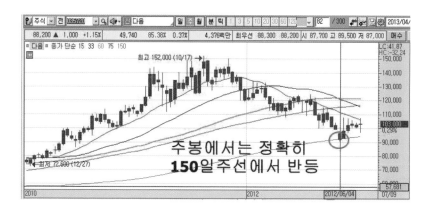

주봉으로 설정하여 좀 더 긴 시간 동안의 추이를 관찰해 보니 2010년부터 지속적으로 상승하던 주가가 2012년 들어서는 슬금슬금 하락추세로 전환되어 가는 것처럼 보입니다.

문제는 이것이 하락추세로의 완전한 전환인지 아니면 상승추세 중의 단순한 조정구간인지를 파악하는 것인데요. 이미 단중기이평선은 모두 이탈하고, 마지막 150주선에서 정확히 반등이 나왔습니다.

흥미롭게도 일봉상 6월 4일 저점으로 표시된 91,000원을 주봉에서 찾아보니 150주선을 찍고 반등하는 지점입니다.

결국, 일봉상 상승추세였던 종목이 지속적인 하락으로 베팅을 주저하게 만드는 상황이었다면 주봉을 참고하여 장기이평선 지지가 나오는지를 관찰해야 됩니다.

다소 길고 깊은 조정구간이지만, 150주선을 딛고 일어나는 모습을 지속적으로 보여준다면 이 종목도 역시 상승추세가 유효하다고 볼 수 있습니다.

지지와 저항
(이평선)

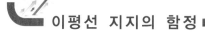
이평선 지지의 함정

　이평선이 지지와 저항의 역할을 하기 때문에 이평선을 터치하는 시점을 매매 타이밍으로 잡을 수 있다는 것은 주지의 사실입니다. 대부분 주식 관련 책이나 이론적인 내용들은 이평선에 대해 이런 기본적인 내용을 싣고 있지만, 실전에서 어떤 변수들이 존재하고 구체적으로 어떤 타이밍에 들어가야 되는지에 대한 살아있는 비법을 전달하기에는 부족한 면이 있어 보입니다.

　원칙대로라면 이평선을 이용하여 실전에서도 좋은 타이밍을 잡을 수 있다는 것인데, 막상 해보면 꼭 그렇지도 않습니다. 일단 여러 개의 이평선 중 어디서 반등이 나올지도 의문이거니와, 이평선에 정확히 터치하면서 반등한다는 보장이 없기 때문입니다.

　귀신같이 이평선에 터치하자마자 튀어 올라가는 경우라면 주식은 매우 쉽습니다. 하지만 주식시장에서는 심리적인, 수급적인, 주변돌발여건 등등에 의해 변수가 많고, 이로 인해 일시적인 이탈과정을 겪게 됩니다.

보통은 개별종목에 대한 안 좋은 리포트나 관련 업계의 경제, 정치적인 뉴스 때문에 영향을 받습니다. 분위기가 한쪽으로 기울어지면, 개별투자자들의 심리도 흔들리게 되어 일시적인 투매는 언제든지 나올 수 있습니다.

　문제는 이러한 공시나 뉴스 중에는 중요하지 않다거나 영향력이 미비한 내용들이 과대 포장되어 주가를 왜곡한다는 것입니다. 이미 이전부터 존재했던 리스크를 갑자기 큰일이라도 난 것처럼 공시를 띄운다거나 애널리스트의 개인적 주관이 전체적인 대세처럼 보이는 기사들도 종종 발견됩니다.

　단순히 이분법적으로 보기에는 안 좋은 뉴스임이 분명해 보이지만, 그 영향력이 미비하거나 기업의 실적에 큰 영향을 미치지 않는 리포들도 개인투자자들의 판단을 흐리게 하는 요소가 됩니다.

　하지만 원래 이 종목이 정석적인 분석상, 해당 가격에서 상승하는 것이 맞다면 결국 주가는 그렇게 따라가게 되어 있습니다. 다만 주가가 하락하는 과정에서 개인투자들이 심리적 공황을 겪게 되면 투매가 일어나고, 그것이 하락폭을 더 키울 수 있다는 것을 감안한다면 무엇보다 중심을 잃지 않는 계획적이고 이성적인 투자가 필요합니다. 잠시 동안 이 평선을 이탈하며 출렁거리는 것을, 추가매수의 기회로 삼을 수 있는 것도 이런 이유입니다.

　다음 그래프를 보면서 좀 더 구체적인 타이밍을 살펴봅니다. 해석의 편의상 시간의 흐름이 C → B → A로 나열되어 있음을 양해하고 참고 바랍니다.

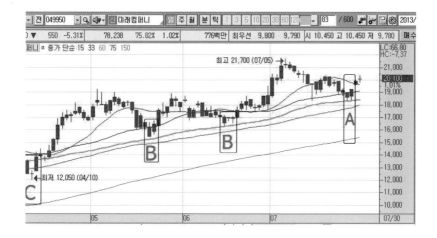

A 지점

첫 번째는 아래꼬리 달린 음봉, 두 번째는 아래꼬리가 달린 양봉으로 구성되어 있습니다. 아래꼬리가 달렸다는 것은 그만큼 꼬리의 끝 지점에서 반등의 힘이 가해졌다는 것인데, 흥미롭게도 꼬리의 끝은 정확히 60일선을 터치하고 있습니다. 이런 모습이라면 이평선이 지지선의 역할을 한다는 원론적인 내용에 가장 충실한 모양이라고 하겠습니다.

주가가 정확히 이평선을 찍고 반등해준다면야 주식은 그야말로 누구에게도 공평하고 쉬운 투자가 될 것입니다만, 매번 이렇지 않다는 데 어려움이 있는 것입니다.

B 지점(두 곳)

두 군데 모두 음봉인 상태로 60일선을 접촉하지 못한 채 주가가 올라가 버린 모습입니다. 33일선에서 이미 투자를 시작했다면 수익을 얻었을 테지만, 60일선까지 기다린 사람에게는 한두 호가 차이로 저가매수의 기회를 놓친 셈입니다. 이렇게 되면, 올라가는 주가를 바라보며 일찍이 편입하지 못했음을 한탄하고 다음번에는 한두 호가 정도 아쉬워하지 말고 과감히 매수하자고 생각할 수 있습니다.

하지만 이 역시 결과가 나온 이후 본인이 아쉬운 마음에 한탄하는 것일 뿐, 그 당시에는 잘한 선택인지 알 수도 없거니와, 한두 호가 개의치 말고 미리 사두 자는 것이 반드시 옳다는 것도 아닙니다. 이런 이유에 대해 C 지점은 명확한 해답을 주고 있습니다.

C 지점

75일선을 일시적으로 이탈하면서 십자형의 일봉을 나타낸 후 곧바로 반등하 면서 상승추세를 이어나가는 모습입니다. 15일선, 33일선, 60일선, 75일선, 그 리고 일시적인 이탈, 이렇게 이평선을 4개나 이탈하면서 조정을 받는 동안, 많 이 떨어졌다는 생각에 33일선이나 60일선에서도 충분한 지지를 기대하며 편 입을 감행했을지도 모를 것입니다.

실제로 이때 매수했다 하더라도 반등한 주가는 매수가를 훨씬 웃도는 상승으 로 수익을 주었을 것입니다. 하지만 분명한 것은 장기이평선까지 떨어짐을 기 다렸다가 매수할수록 반등의 가능성은 더 커지고, 수익률도 그만큼 좋아질 것 입니다.

결과적으로야 75일선이 반등의 시점이 되었으므로 그때까지 기다렸다 가 매수하는 것이 수익을 극대화할 수 있는 시점이었습니다. 하지만 미 래를 알 수 없는 당시 시점에서는 며칠 전부터 계속되는 음봉이 75일선 까지 이탈하는 모습을 보면서 과연 하락추세의 시작인지, 150일선까지 떨어진 후 반등할지 혹은 75일선 반등이라는 절호의 기회인지 신중한 접근이 필요한 때였습니다.

여기서 이야기하는 것은 기다림의 미학이 아니고, 75일선 자체의 중 요한 의미를 가리자는 것도 아닙니다. 잊지 말아야 할 것은 주가는 이평선을 일시적으로 이탈할 수 있다는 것입니다. 만약 15일선 정도에서 일찍 매수한 상태였다면, 75일선까지 떨어지는 동안 마음고생과 기다림도 상당할 것입니다. 급기야 75일선까지 이탈해 버린 절망감에 손절매하는 사람도 있을 수 있습니다.

하지만 이후 귀신같이 반등하는 움직임을 보고 땅을 치고 후회했을 것입니다. 본인이 팔고 난 시점에서 바로 반등을 해 버렸기 때문에 가장 최저가에서 큰 손실을 감당하며 매도한 것이 되어버렸습니다. 최악의 배 아픈 상황이 되어 버린 것이죠.

이평선이 정확히 가리키는 가격이 매수매도의 포인트가 된다면 주식은 누구에게나 식은 죽 먹기일 것입니다. 이평선은 대략의 통계적인 수치를 제공할 뿐이지, 실제 주가는 일정 범위 내에서 오차범위를 가지고 얼마든지 움직일 수 있음을 간과해서는 안 될 것입니다.

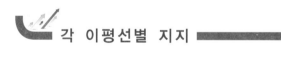

각 이평선별 지지

60일선과 75일선

60일선은 중장기 추세에 속한다고 하여 이탈할 시에는 추세의 전환이 예상되므로, 주식을 매도하라고 합니다. 하지만 보통 75일선과 가까이 붙어있는 관계로 이탈 시에도 바로 밑에 있던 75일선이 받쳐주며 상승추세를 이어가는 경우도 많이 관찰할 수 있습니다. 그렇다면 75일선은 더할 수 없이 좋은 매수 타이밍이 됩니다. 손실을 보고 있다가 60일선까지 이탈해서 팔았는데, 알고 보니 75일선이 반등시점이었다면 매도한 사람은 울고 싶어질 것이고, 매수한 사람은 쾌재를 부를 일입니다.

다음은 그 대표적인 예라 할 수 있습니다.

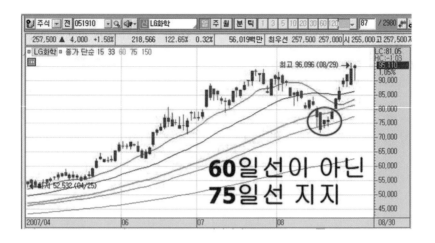

이 종목은 견조한 상승추세를 이어왔으며 그동안 빨간색 15일에서 지속적인 반등을 통해 주가를 끌어올렸습니다. 따라서 매 조정 시마다 15일선에서 매수했다면 쉽게 수익을 확보할 수 있었습니다.

전체시장의 분위기가 좋을 때는 이렇게 단기이평선을 타고 잘 올라가면서 얕은 물결을 만들어 냅니다. 하지만 한번쯤 조정다운 조정을 받을 때는 적어도 60일선 내지 75일선까지 오는 하락의 과정은 반드시 겪게 됩니다. 왜냐하면, 아무리 완벽한 종목이라도 단기이평선만 타고 올라간다면 주가 그래프의 기울기가 너무 급해지는 이격과다 현상이 나타나기 때문에 언젠가는 과열 양상을 식히고 이격을 줄이고자 하는 하락과정은 필요악으로 존재하기 마련입니다.

위 그래프에서 보듯이 8월 이전에는 몇 달 동안 조정다운 조정 없이 15일선을 타고 승승장구하다 보니, 주가 그래프 자체의 기울기도 점점 커지면서 단기와 장기이평선들 간의 이격도 점점 벌어지고 있었습니다. 그러다 8월 들어 올 것이 왔다는 듯, 75일선까지 내려오는 조정다운 조정이 발생하게 됩니다.

15일선을 거쳐 33일선까지 이탈한 주가는 너무도 쉽게 60일선까지 안착합니다. 60일선이 나름 의미 있는 중기이평선이라 여기를 반등시점으로 잡을 수 있지만, 75일선까지 하락한 후 반등하고 있습니다. 이렇듯 기존의 60일선 반등을 타이밍으로 잡는다면, 75일선 혹은 75일선 약간 이탈 정도의 하락까지는 모두 하나의 밴드로 보고 반등시점을 잡으면 됩니다.

120일선과 150일선

보통 100일을 넘어가는 선을 장기이평선이라고 보며, 120일선으로 설정하는 것이 보편화되어 있습니다. 그 이상으로는 150일선, 200일선, 300일선까지는 보는 경우도 있는데, 개인적으로 150일선과 200일선까지는 주의 깊게 살펴봅니다.

200일선을 넘어가는 장기이평선의 지지에 의미를 부여하기에는 상당히 깊은 조정이기 때문에, 추세 자체가 하락 전환되면서 이평선 또한 역배열로 돌아섰을 가능성이 높으므로 투자대상에서 제외합니다.

한 종목 내에서 특정 이평선 지지가 빈번하게 일어난다면 해당 이평선을 반등라인으로 잡을 수 있는 통계적인 확률은 높아집니다. 하지만 어디까지나 통계적인 확률일 뿐 실전에서는 그 이상의 장기이평선 지지도 염두해 두어야 합니다.

다음은 한 종목 내에서 120일선과 150일선 지지가 동시에 나타나는 경우의 그래프입니다.

이 종목은 2월에 120일선 지지로 반등에 성공하였는데, 3월의 첫날에는 150일선 지지반등을 보이고 있습니다.

2월의 데이터를 바탕으로 재차 하락 시 120일선 지지에 베팅할 수도 있지만 한 달도 채 되지 않아 주가는 150일선까지 하락했습니다. 물론 120일선에서 매수했더라도 수익이 나는 상황입니다만, 150일선까지 좀 더 기다렸다면 보다 높은 수익을 거둘 수 있었음은 자명합니다.

왜냐하면, 여기서는 불과 며칠 만에 큰 반등이 나왔지만 120일선을 이탈한 주가가 얼마나 방황하다가 올라갈지는 모르기 때문에 애초부터 150일선 반등에 좀 더 비중을 두는 것이 수익률을 극대화하는 방법이었을 것입니다. 이처럼 이전에 그랬다고 해서 반드시 이번에도 똑같은 이평선에서 반등하는 것은 아닙니다. 얼마든지 다음 이평선까지 하락하는 움직임도 나올 수 있다는 것이지요.

중기이평선인 75일선이 완전히 이탈되었다면 다음 이평선은 100일이 훌쩍 넘어갑니다. 기간 차이가 크다 보니 이평선 사이의 간격도 상당히 넓게 존재하는데, 이런 이유로 주가가 75일선 반등에 실패하게 되면 다음 장기이평선까지 너무 빨리 떨어진다는 점을 주목해야 됩니다. 장기이평선에는 최소 120일선을 시작으로 150일선, 200일선 등이 있는데 어디서 하락을 멈출지는 정확히 알 수 없기 때문에 세 가지 이평선을 모두 살펴보는 지혜가 필요합니다.

다음은 150일선까지 내려오는 케이스를 살펴보겠습니다.

150일선 반등

장기이평선인 150일선과 200일선을 동시에 한 그래프에 나타내 보았습니다. 120일선도 설정할 수 있겠지만 이번 그래프상에서는 이미 이탈한 관계로 다음 장기이평선인 150일선과 200일선상에서의 반등을 확인해 보기 위함입니다.

전체 흐름을 요약하자면 A와 B 지점은 거의 완벽한 150선 반등이 나타났고, C 지점은 다소 이른 반등이 나오긴 했지만 거의 150일선에 접근했다가 반등하는 모습입니다.

각 지점에서의 주가 움직임을 좀 더 면밀히 분석해보겠습니다.

A 지점

이전 며칠 동안 반등을 노리던 주가가 중단기이평선들이 포진해 있는 것을 뚫지 못하자 실망이 컸던지 곧바로 150일선까지 도달했다가 반등하는 모습입니다. 최저 814,000원이라고 표시된 가격은 150일선보다 약간 이탈되어 있기는 하지만, 꼬리를 포함한 일봉의 길이가 긴 것을 감안하면 일시적인 투매나 심리적인 공황으로 잠깐 이탈한 것이라고 생각해도 무방합니다. 따라서 종가를 150일선 위에서 마쳐주었다면 일시적인 꼬리이탈 정도는 크게 신경 쓰지 않아도 됩니다.

B 지점

정확히 150일선에서 반등합니다. 이렇게 라인을 정확히 지켜준다면야 저점 잡기는 식은 죽 먹기겠죠. 똑같은 150일선 반등이지만 A 지점보다 시간이 흐른 상태라 150일선도 상당히 올라와 있는 상태입니다. 이렇듯 상승추세를 이어가게 되면 조정을 받을 때도 그만큼 높아진 가격에서 반등을 한 셈이니, 추세의 중요성을 다시 한 번 깨닫게 합니다.

C 지점

이번에는 150일선에 도달하기 전에 반등해버린 경우입니다. 아래꼬리를 길게 달면서 150일선까지 내려가는 듯하지만 아쉽게도 150일선에 정확히 대기하고 있던 매수자들에게는 기회를 주지 않았습니다.
150일선이 아닌 75일선의 관점에서 본다면 75일선의 일시적 이탈로 해석할 수도 있습니다. 150일선까지 기다린 투자자들은 하염없이 올라가는 주가를 바라볼 수밖에 없습니다.

하지만 항상 당시의 시점에서 생각해본다면 어디까지나 선택의 문제일 뿐 후회는 아무 소용이 없고, 후회할 가치조차도 없습니다. 미리 마중 나온다고 높은 가격에서 매수했다가 손실을 감내해야 하는 위험보다는 조금이라도 확실하고 낮은 가격에 안전한 투자를 하는 것이 낫다고 생각하면 됩니다.

200일선 반등

150일선이 넘어가는 장기이평선에서 반등하는 경우는 주가가 큰 조정을 받는 경우입니다. 혹은 하락추세로 완전히 전환된 경우까지 생각해야 할 만큼 이미 이평선들도 우하향으로 변곡점을 상당히 만든 상태가 됩니다.

실전에서는 한눈에 보아도 견조한 우상향의 그래프가 있는가 하면 이렇게 깊은 조정으로 그래프가 비틀어졌다가 재상승으로 상승추세를 이어나가는 경우도 상당수 존재합니다. 이런 깊은 조정 시에 마지막 희망을 걸고 보는 것이 200일선이라고 보면 되겠습니다.

다음 그래프를 통해 200일선 반등의 케이스를 살펴봅니다.

주가는 깊은 조정을 받았지만 재차 반등하며 꾸준한 상승추세를 유지하고 있습니다.

150일선을 마지막 장기이평선으로 설정한 상태인데, 해당 이평선을 잠시 이탈했다가 반등했다고 하기에는, 이탈된 폭이 너무 커 보입니다. 반등의 근거가 있다면 분명히 150일선의 넘어가는 장기이평선의 어딘가에서 반등했을 것입니다.

과연 어디서 반등했을지 찾아보기 위해 150일선 다음의 200일선을 설정해 봅니다.

150일선을 빼고 200일선을 넣어보았습니다.

첫 번째 동그라미 부분에서는 200일선을 다소 이탈한 모습을 보이면서 위기의 순간이 찾아옵니다만, 다음 날 장대양봉으로 주가를 끌어올리고 있으니 200일선을 지지했다고 간주할 수 있습니다. 두 번째, 세 번째 동그라미도 각각 약간의 이탈과 미리 반등하는 모습으로 200일선 지지라는 강한 의지를 엿볼 수 있습니다.

반등하는 이평선 찾기

위 그래프는 세 지점 모두 200일선 반등을 나타내고 있습니다.

상승추세의 종목이 조정을 받을 때 대부분은 60일선 내지는 75일선부터 투자를 시작한다고 하였지만, 이처럼 깊은 조정의 경우에는 어떤 장기이평선에서 반등할 것인지를 미리 생각해 놓아야 합니다. 이 종목이 계속 상승추세를 유지한다는 가정하에 가장 보수적인 마인드로 투자한다면 마지막 방어선을 200일선으로 잡고, 150일선부터 투자하면 됩니다.

다음은 동일종목의 이후 그래프를 나타낸 것입니다.

앞서 첫 번째 그래프상에서는 세 지점 모두 200일선 반등에 성공한 모습이었습니다. 반면, 위의 그래프상에 나타낸 세 지점은 동일종목임에도 1년이 채 안 되는 기간 내에 각각 200일선, 150일선, 75일선 반등을 하고 있습니다.

예전에 200일선 반등을 주로 했으니 이번에도 200일선까지 내려갔다가 반등할 거라고 기대할 수 있겠지만, 주가가 반드시 본인의 뜻대로 움직이는 것은 아닙니다. 이처럼 이평선이 반등의 시점을 제공한다고는 하지만 정확히 어느 시점에서 반등할지는 백퍼센트 확신할 순 없습니다.

다만, 200일선을 마지막 방어선으로 두고 60일 내지 75일선부터 첫 매수 시점을 잡되, 150일선에서도 반등을 기대할 수 있는 관점으로 접근하면 됩니다. 어떤 시점에서 첫 매수를 시작할 것이냐 하는 투자성향의 적극성에 따라 달라질 뿐입니다.

이렇게 여러 이평선을 차례로 염두에 두고 추가매수를 통해 단가 낮추기를 할 때 관건은, 주가가 더 이상 하락을 멈추고 반등하였을 때, 해당 종목의 수익률이 플러스가 될 수 있도록 평균 매수가를 관리해 주어야 한다는 점입니다. 이를 위해서는 개인의 자금 사정에 따라 유동성 있는 분할매수 전략이 필요할 것입니다. 이 부분은 차후 추가매수 관련 파트에서 좀 더 상세하게 다룰 예정입니다.

 장기이평선의 이탈과 주봉, 월봉활용

단순한 일시적 기만

주가가 큰 조정을 받고 장기이평선까지 다다르는 경우 보통 150일선에서 반등하거나 최대 200일선까지 놓고 반등하는 경우를 살펴보았습니다. 이번에는 상승추세를 지속하던 주가가 마지막 200일선마저 이탈해버린 경우 어떤 판단을 내려야 할지에 대해 생각해 보겠습니다.

우선 일봉상의 그래프로서 2013년 2월에 마지막 장기이평선이었던 200일선마저 이탈된 후 반등한 모습입니다. 200일선의 일시적 이탈이라고 보기에는 이탈 폭이 꽤 커서 당시에는 추세가 꺾인 것인지 판단이 서지 않

을 만큼 혼동스러웠을 것입니다. 또한, 이전부터 한 달 넘게 지속된 하락으로 대부분의 투자자들이 마이너스 수익률에서 허덕이고 있었을 것입니다.

좀 더 차트를 면밀히 분석해 봅시다.
차트상에 표시된 부분처럼 이 종목은 전반적인 상승추세 중에서도 중간마다 비교적 급격한 골짜기를 만들며 이평선까지 하락하는 조정을 몇 차례 겪고 있습니다. 매번 조정의 끝은 150일선 반등으로 장기이평선 반등에 대한 확신을 심어주고 있던 터였습니다. 그러던 중 1월의 단기 고점을 만든 후 조정을 거치면서 75일선을 포함한 단중기이평선이 모인 시점을 이탈해버렸습니다.

앞으로 살펴볼 내용이지만, 이평선들이 하나의 선으로 뭉칠 때는 기존의 추세를 이어가려는 시발점이 될 수 있다는 수렴발산의 내용이 있는데, 1월 말에는 장기이평선을 제외한 중단기이평선들이 상당히 가까워지고 있습니다. 따라서 75일선에서의 반등을 노려볼 수도 있는 시점이었지만, 결국 장기이평선인 150일선을 거쳐 200일선까지 이탈하는 큰 폭의 하락이 나오고 말았습니다. 75일선 반등에 실패했다 하더라도 이 종목은 곧잘 150일선을 잘 지켜주었기 때문에, 이번에도 마찬가지 패턴을 기대하며 베팅한 투자자들에겐 실망이 아닐 수 없습니다. 게다가 마지막 200일선 반등을 기대하며 참고 견디던 보람도 여지없이 무너지는 이탈과정을 겪게 됩니다.
그래프상에서 보면 적어도 4개월 이전의 모든 투자자들은 마이너스 수익률이라는 절망적인 상황에서 손절을 해야 할지 고민하는 괴로운 시점이었으며 더 이상 일봉상에서 의미 있는 다음 이평선을 찾지 못하는 딜레마에 빠져있는 상태입니다. 하지만 이렇듯 일봉상에서 분석을 중단할 만큼 큰 폭의 조정이 왔을 때는 좀 더 큰 그림을 관찰할 수 있는 주봉이나 월봉을 살펴보고 희망을 찾아야 합니다.

다음은 동일한 시기를 포함하는 주봉을 나타내 보았습니다.

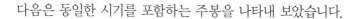

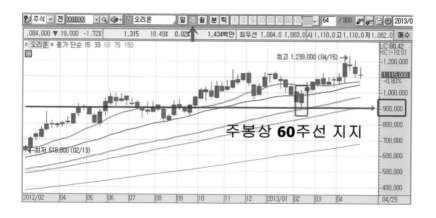

기간을 넓힌 주봉상에서는 별다른 폭락이나 이평선이 크로스 되는 꼬임 현상 없이 정배열의 완만하고 견조한 상승추세를 유지하고 있습니다.

5월에는 15주선을, 8월, 9월에는 33주선을 지지하며 견조하게 상승하던 주가의 흐름이 다음 해인 2013년 2월에는 60주선까지 하락했다가 반등하는 모습입니다.

60주선에서 반등한 바로 그 부분이 이전 그래프 일봉상에서 200일선을 이탈했던 부분입니다. 2013년에 들어서면서 음봉이 지속되고 있지만, 주봉상으로 관찰해보니 아직은 큰 폭락이라고 보여진다기보다 견조한 상승추세를 유지하는 과정 중에 60주선이라는 조정기간을 거치는 것으로 보입니다.

게다가 2월의 반등시점에서는 공교롭게도 90만 원이라는 심리적 안정감을 줄 수 있는 가격＋60주선과 일치하는 시점이므로 훌륭한 매수포인트가 될 수 있습니다.

좀 더 신뢰 있는 분석을 위해 이번에는 월봉을 관찰해 보겠습니다.

네모박스 부분이 이전 그래프들상에서 관건이 되었던 조정에 해당하는 부분입니다. 군데군데 화살표 부분은 각종 이평선 지지를 나타내는 위치를 표시한 것입니다.

2011년도부터 정확히 10월선에서 반등하며 그 밑을 내주지 않다가 현재 관건이 되고 있는 2013년 2월에 15월선에서 꼬리를 달며 반등하고 있습니다. 즉 월봉상에서도 15월선이라는 이평선 지지를 확인한 것입니다.

이상으로 일봉상 200일선마저 이탈하여 손절을 고민하게 만드는 종목에 대해 주봉, 월봉을 추가적으로 살펴보았습니다.

결론은 주봉, 월봉상에서 이평선 지지를 확인할 수 있다면 아직까지 해당

종목은 상승추세에 있으며 주가가 하락한 현시점이 오히려 좋은 매수포인트
가 될 수 있다는 것입니다.

한편 주봉, 월봉상에서 지지되어야 하는 이평선이 꼭 정해진 것은 아
닙니다. 중장기 이상의 이평선이면 더욱 좋겠지만, 어떤 이평선이 되었
든 주봉, 월봉 모두에서 이평선 지지가 나온다면 신뢰도는 높아집니다.

급격하고도 심각한 이탈

다음은 일봉상에서 이평선이 하나로 모아지며 반등타이밍을 예고하
고 있습니다. 이평선 지지를 기대하며 반등을 노렸지만, 웬만한 장기이
평선까지 모두 이탈하는 큰 폭의 하락이 왔을 경우의 대응전략을 살펴
보겠습니다.

동그라미 부분에서 아래꼬리를 달고 올라서는 강한 반등의지를 보여
주고 있습니다. 이 시점이라면 75일선 내지는 여유 있게 64만 원 정도
까지를 매수구간으로 설정을 합니다. 물론 추가하락을 할 수도 있으므

로 밑에서 받쳐주는 150일선까지도 내려갈 수 있음을 감안하고 비중을 조절할 필요는 있습니다. 이 종목은 대부분 75일선 내지는 적어도 150일선 위에서만 놀다가 12월에 150일선에서 반등하면서 상승추세를 유지해 나가는 것으로 보입니다.

또한, 150일선 반등 이후 이평선은 나름대로 모이는 과정을 거치면서 마지막 동그라미 포인트 직전에는 75일선 반등을 해줬다가 다시 75일선까지 떨어진 상태입니다. 이런 데이터라면 현시점에서도 75일선을 터치하면서 꼬리를 달고 힘차게 상승하는 시나리오가 이어지지 않을까 충분히 기대할 수도 있습니다. 물론 12월의 경우처럼 이탈 시에는 다음 이평선에서 반등하는 시나리오 또한 생각할 수 있습니다.

언제부터 들어갈지에 대한 선택은 개인의 사정에 따라 맡기는 것으로 하고, 이다음의 전개상황을 살펴봅시다. 다음은 이후의 주가 움직임입니다.

불과 며칠 사이에 아래에 포진해 있던 장기이평선 모두를 이탈하는 큰 폭의 하락이 나왔습니다. 원론적인 기술적 분석상 추세가 전환되는

시발점이자 손절하는 시점이라고 충분히 얘기할 수 있습니다. 하지만 주식시장은 심리적인, 수급적인 요소들이 분명 존재하기 때문에 본질과 상관없이 일시적인 쏠림현상이 있을 수 있습니다.

물론 최대 장기이평선으로 설정한 200일선까지 이탈했다면 반등하더라도 위에 켜켜이 쌓여있는 이평선을 뚫는 과정이 쉽지 않을 수는 있습니다. 또한, 현재 시점에서는 어디서 폭락을 멈추게 될지 쉽사리 판단하기 힘든 상태입니다.

하지만 그동안의 데이터를 보자니 견조한 상승추세에서 매번 이평선을 지켜주는 반등이 있었던 터라 포기하기 아쉬운 점도 있습니다.

결국, 이 종목을 완전히 버려야 할지, 반등시점을 노려야 할지에 대한 판단 기준을 세워야 하는데, 일봉상에서 더 이상의 판단이 힘들다면 주봉을 통해 좀 더 높은 하늘에서 넓은 숲을 보는 전략을 세워야 합니다.

따라서 좀 더 자세한 분석을 위해 다음 주봉을 살펴보겠습니다.

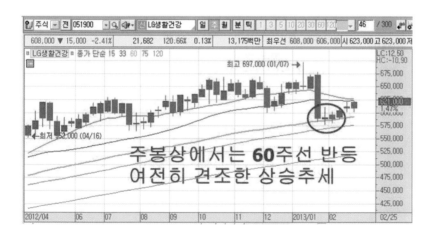

주봉을 보니 잔잔하던 주가가 1월에 큰 폭락을 겪는 것을 확인할 수 있습니다. 이로인해 15주선, 33주선을 이탈하면서 장대 음봉을 만들고 있습니다.

하지만 정확히 60주선에 안착하면서 더 이상의 하락은 멈춘 상태입니다. 이후 3주 정도에 걸쳐 약간의 이탈도 있지만 결국 60주선 반등을 확인해주고 있습니다. 설령 60주선을 이탈한다고 하더라도 75주선이 큰 이격없이 바로 밑에서 받쳐주고 있으니 60주~75주 선까지는 부담 없이 추가 매수를 할 수 있습니다.

정리하자면, 일봉상에서는 장기이평선을 이탈하는 큰 폭락으로 더 이상의 지지라인을 찾기 힘들 때, 주봉상에서 이평선 지지를 확인할 수 있다면 여전히 매수포인트이자 상승추세는 유효하다는 판단을 할 수 있다는 것입니다.

60주선 반등 이후에도 주가는 계속 이를 무너뜨리지 않고 조금씩 저점을 높여나가고 있는 상태이므로 상승추세는 유효하다는 최종적인 판단을 할 수 있는 것입니다.

이렇듯 전체적인 숲에서 추세를 관찰한다면 부분적인 가시덤불로 길이 막힌다 하더라도 결국 기존의 길을 계속 가게 된다는 것을 강조하고 싶습니다.

문제는 가시덤불을 헤치고 힘차게 뻗어 나가는 상쾌한 출발시점을 찾고자 하는 것이 최대의 관건이자, 매수 타이밍을 중요시하는 단기투자의 성격과 가장 잘 맞는 비유라고 하겠습니다.

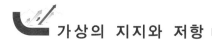
가상의 지지와 저항

일봉이 만드는 라인

이제까지의 이평선에 의한 지지는 주가가 이평선에 물리적으로 접할 때를 타이밍이라고 설명하였습니다.

이평선은 그래프상에 표시되는 지표이기 때문에 한눈에 들어오는 실제의 선입니다. 이와는 달리 주가의 움직임을 관찰하다 보면 일정한 가격에서 주가가 횡보하면서 지지와 저항을 반복하는 패턴을 찾을 수 있는데, 이런 가상의 라인을 가격지지라고 이름 붙여 보겠습니다.

이것은 일단 주가 차트를 길게 놓고 보면 대충 눈으로 파악할 수 있으며, 직접 HTS상의 툴을 이용해 평행한 라인을 그어보면 좀 더 쉽게 파악할 수 있습니다.

직접 차트를 통해 어떤 모습인지 살펴보겠습니다.

위 그래프에서 보듯이 10만 원에 평행한 선을 그어보면 A, B, C 세 지점에서 주가가 횡보하거나 지지와 저항을 반복하는 것을 확인할 수 있습니다. A와 B 지점은 주가가 밑에서 위로 올라가는 과정 중에 있으므로 10만 원이 일종의 저항역할을 하는 셈입니다.

다른 점이 있다면 A 지점은 10만 원을 잠깐 찍었다가 금세 하락하여 단기 고점을 만든 격이고, B 지점에서는 며칠간의 지루한 횡보 끝에 결국 10만 원을 돌파하는 움직임을 보여주고 있습니다. 일단 10만 원을 완전히 돌파하게 되면, 이제는 주가가 위에 있는 셈이므로 10만 원은 암묵적인 지지라인의 역할을 하게 됩니다.

B 지점에서 10만 원을 뚫은 주가는 단기적으로 11만 원 이상까지 오르다가 조정을 받게 되는데, C 지점에 이르러 10만 원에서 더 이상의 하락을 멈추고 반등하는 모습을 볼 수 있습니다. 이로써 이제는 10만 원이 든든한 지지선 역할을 하게 됨을 알 수 있습니다.

W자형 반등

이번에는 주가가 위에서 아래로 내려갈 때를 기본전제로 하고, 어느 시점에 이르러 반등하는 가격이 있다고 생각해 봅니다.

일정한 가격에서 이런 현상이 되풀이되는 경우가 많을수록 주가가 반등하리라는 통계적인 신빙성은 더욱 높아지는데, 이것은 마치 주가가 W 자형을 그리며 해당 알파벳의 밑부분 꼭지를 찍고 반등하는 것처럼 보인다고 이야기하며 반등시점의 개수에 따라 2중 바닥, 3중 바닥 등으로 이야기합니다.

실제로 투자를 할 때는 최소한 2중 바닥 이상인 것을 권장합니다. 즉 투자하려는 시점보다 앞서서 적어도 2번 이상 해당 가격에서 반등했다

는 것을 확인하고 들어가는 것이 좀 더 반등확률을 더 높이는 투자가
될 것입니다.

　다음 그래프를 통해 W자형의 가격지지를 보이며 반등하는 모습을 살
펴봅시다.

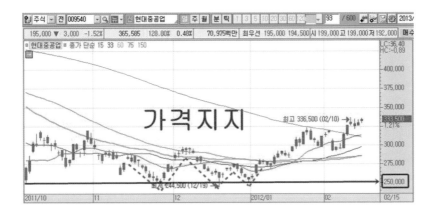

M자형 저항

　가격지지가 W자형의 산골짜기 모습으로 나타난다면, 가격저항은 이
와 반대의 모양인 M자형의 산꼭대기 형상을 생각해 볼 수 있습니다. 당
연히 꼭짓점의 개수가 많을수록 주가가 이 가격에서 저항을 맞고 떨어
질 가능성이 많다는 것을 의미하므로 이런 타이밍에서는 절대 매수해
서는 안 될 것입니다.

　앞선 가격지지에서는 불과 한 달 사이에 3중 바닥 형태를 보여줬는
데, 이번 저항편에서는 연 단위의 장기간에 걸쳐서도 나타날 수 있음을
관찰해봅니다.

이 그래프는 월봉 차트로서 2007년부터 2011년까지의 장기간의 흐름을 나타냅니다.

2007년 말에 55만 원을 찍었던 고점이 3년이 훌쩍 지난 2011년도의 고점과 일치하고 있습니다. 기간이 상당히 길다 보니 일봉이나 주봉상에서는 이런 양상을 관찰하기 어려우므로 월봉 또한 빈틈없이 체크하는 자세가 필요합니다. 이렇듯 상승추세를 타고 있는 종목이라 하더라도, 해당 시점이 이전의 고점과 일치하는 상투가 될 수 있음을 조심해야 합니다.

이 그래프 이후 만약 한 번 더 55만 원의 봉우리를 만드는 시점이라면 이미 두 번의 데이터가 축적된 만큼 매수를 자제하는 것이 현명합니다. 물론 55만 원을 뚫고 올라선다면 이제는 55만 원이 지지선이 되면서 주가의 하락을 막는 든든한 역할을 할 수도 있음을 기대할 수 있습니다. 하지만 보다 안전한 투자를 위해 통계적인 확률에 따라 행동하는 것이 상투를 피하는 길일 것입니다.

심리가 만드는 라인

숫자를 어떻게 설정하느냐에 따라 사람이 느끼는 심리는 달라질 수 있습니다.

요즘 홈쇼핑 광고에는 가격에 대한 부담감을 상쇄시킬 목적으로 100만 원 대신 998,000원 식의 소액할인이 상당히 일상화되어 있습니다. 비록 2천 원 차이밖에 나지 않지만 소비자가 느끼기엔 마치 백 단위의 가격이 십 단위로 내려선 것 같은 심리적인 영향을 받는다는 것이지요.

주식시장에서도 역시 이러한 가격의 심리적인 영향력을 찾아볼 수 있습니다. 한 가지 다른 점이 있다면 홈쇼핑에서는 깔끔한 가격을 오히려 지저분한(?) 가격으로 낮추는데 비해, 주식에서는 지저분한 호가가 깔끔한 호가로 바뀔수록 관심이 높아진다는 것입니다.

예를 들어 99만 원보다는 100만 원, 11만 원보다는 10만 원, 11,750원보다는 11,000원 식으로 작은 단위의 호가보다는 가급적 큰 단위로 자를 수 있는 가격을 말합니다. 이렇게 깔끔하게 맞아떨어지는 호가라면, 사람들의 심리상 이즈음 왔을 때를 가상의 지지나 저항선으로 볼 수 있는 여지가 많아지게 됩니다.

여기서 주의할 것은 이것은 어디까지나 심증적인 가상의 지지저항을 설정하는 것이기 때문에 기본적으로 다른 명확한 지표들이 뒷받침되어 있는 상태에서 적용하는 것을 전제로 합니다. 다시 말해, 이동평균선과 같은 기술적 분석의 지표가 해당 가격을 포인트로 잡아주는 타이밍이 아니라면 단순히 가격이 매우 깔끔하다고 해서 무작정 들어가는 것은 아니라는 것이지요.

가장 좋은 것은 상승추세인 종목이 조정이 받아 이평선에 접하면서 반등의 움직임을 보여주려는 시점인데, 때마침 그 시점이 만 원, 십만 원 등의 깔끔한 가격이라면 이것은 금상첨화라는 것입니다.

이와 관련된 하나의 예시를 보겠습니다.

위의 그래프는 3중 바닥을 형성하며 반등하는 모습을 나타내며, 때마침 반등시점이 8,000원이라는 깔끔한 가격임을 보여줍니다. 즉 앞서 살펴본 W자형의 반등이 매수 타이밍을 결정해주는 결정적인 지표였다면 8,000원이라는 가격은 반등시점에 좀 더 확신을 줄 수 있는 보조적인 지표라는 것이지요.

여기서는 첫 번째 8,000원 반등 이후 두 번째부터 8,000원부터 진입할 수 있지만, 확률상으로 세 번째 8,000원에 들어가는 것이 좀 더 신뢰가 갑니다. 앞서 두 번에 걸쳐 이미 8,000원의 가격지지를 확인한 상태이기 때문이죠.

만약 그래프 이후에도 주가가 조정을 거쳐 8,000원으로 재하락을 하였다면 이제는 3중 바닥을 확인한 상태에서 4중 바닥을 기대하며 매수하는 것으로 이전보다 더 강력한 확신을 가지고 투자할 수 있습니다.

아쉬운 점이라면, W자형의 3중 바닥을 그리며 반등에 성공하였지만 이 종목을 투자하기에는 선뜻 손이 가지 않는다는 점입니다.

왜냐하면, 상승추세라고 확신하기에는 추세 자체를 정의할 수도 없거니와 8,000원에서 어떠한 이평선이 위치해 있으면서 지지를 뒷받침하는 모습은 아니기 때문입니다.

일봉만 놓고 본다면 이 방식은 그야말로 가격지지 하나만을 놓고 베팅한 것과 다름없는 반쪽자리 투자밖에 되지 않는 것이지요.

수렴
발산

정의 및 CASE 연구

이평선이 수렴한다는 것은 쉽게 말해 하나의 선으로 모아진다는 뜻입니다. 상승추세에서 이것이 중요한 이유는 잠깐 쉬었다가 본격적인 재상승의 시작을 의미하기 때문입니다.

어떻게 보면 이평선이 하나로 모아지는 과정을 다음 에너지 분출을 위한 준비단계라고 보면 됩니다.

15일선, 33일선 등 각각의 이평선 앞에 달린 숫자들이 지지력을 나타내는 수치라고 보았을 때, 이런 이평선들 여러 개가 한꺼번에 모인다는 것은 각 숫자를 합한 만큼 에너지가 세어진다고 생각하면 이해가 쉬울 것입니다.

상승추세일 때 주가가 항상 우상향의 경사를 만들며 급등만 하는 것은 아닙니다. 대부분은 주가를 나타내는 일봉 밑에서 이평선들이 받치면서 같이 따라 올라가는 형국인데, 급등할 때는 미처 주가 그래프와 가까이 붙지 못한 이평선들이 주가의 조정을 계기로 서로 가까워지게 됩니다.

그런 식으로 일정 시간이 지나게 되면 여러 이평선들이 가까이 뭉치게 되는데, 그만큼 다음 상승을 위한 에너지 응축이 더 세어진다고 보는 것입니다.

실전 차트를 통해 그 예를 살펴보겠습니다.

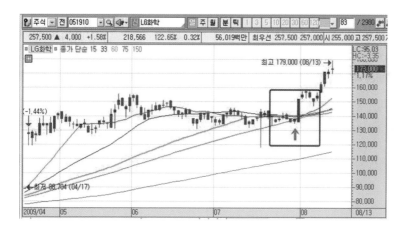

15일선, 33일선, 60일선 75일선 이렇게 네 가지 이평선이 하나로 뭉친 지점에서 매우 정직한 장대 양봉이 나타납니다. 마치 그동안 참고 참았던 에너지를 한꺼번에 분출하며 한 계단 상승하는 수렴폭등의 전형적인 예입니다.

이번에는 삼성전자 주봉을 살펴보겠습니다.

수렴하는 모습은 꼭 일봉뿐만이 아니라 주봉을 통해서도 관찰할 수 있습니다. 좀 더 장기간의 전체적인 움직임을 확인하고 싶을 때 유용합니다.

2009년부터 이어온 상승추세가 2010년에는 지지부진함을 알 수 있습니다. 장기이평선일수록 주가 움직임을 반영하는 속도가 지연되기 때문에 단기이평선들은 이미 거의 수평이 된 데 비해, 장기이평선들은 아직 우상향으로 따라 올라오고 있습니다. 그러다 2010년 하반기 즈음에는 네 가지 이동평균선이 하나로 뭉쳐지다가 급등하고 있습니다.

좀 더 명확한 이해를 위해 추가적인 예를 살펴봅니다.

네모박스 부분의 화살표 부분이 수렴 후 폭등의 시발점이 되니, 잘 눈여겨보고 동일한 패턴이 나왔을 때 매수 타이밍으로 고려하길 바랍니다.

이 종목은 상승과 하락을 반복하며 크고 작은 물결을 만들어나가는 완만한 상승추세를 나타내고 있습니다. 대부분 60일선 내지는 75일선에서 반등하면서 중단기이평선들이 서로 가깝게 붙은 채 완만한 우상향의 경사를 만들고 있습니다.

이미 이전부터 60일선 내지 75일선을 매수포인트로 잘 반등해왔고, 그러던 중 단중기이평선들이 하나로 뭉치면서 75일선 반등에 힘을 실어주고 있는 모습입니다.

이번 수렴과정의 특징은 크게 정체된 기간 없이 우상향의 이평선이 지속되는 과정에서 발생한 수렴이라는 점과 중간에 비교적 큰 진폭을 만들면서 매수포인트를 주었다는 점이 다소 차별화된 그래프라 볼 수 있겠습니다.

이와는 달리 시세분출의 급등 이후 큰 진폭 없이 한동안 횡보만 하다가 수렴구간을 맞는 경우도 있습니다. 즉 이제까지는 상승추세 + 우상향의 이평선 + 중간중간의 군소물결로 명확한 매수포인트를 주는 그래프를 살펴보았다면, 이번에는 주가가 한참 먼저 올라간 상태에서 별다른 진폭 없이 횡보하기만 하는데, 이는 마치 위에서 이평선들이 하나로 모아지길 기다리고 있는 듯한 양상을 보이는 수렴발산을 살펴보고자 합니다.

다음은 이를 나타내는 주가 그래프입니다.

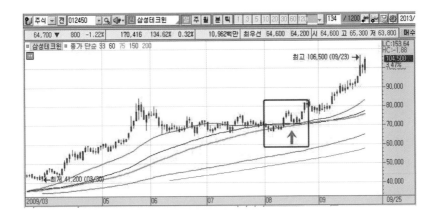

5월의 급등으로 벌어진 이평선들이 주가가 횡보하면서 조금씩 가까워지고 있습니다.

앞선 오리온 차트와 달리 급등 이후 2개월이 훨씬 넘도록 특별한 진폭 없이 지루한 횡보 양상을 보이다 수렴구간을 맞고 있습니다. 흥미로운 것은 네모박스 부분을 보면 8월에 접어들면서 수렴의 끝을 알리는 듯 한 단계 올라서는 움직임이 나오는가 하더니, 3일 천하로 재하락 후 진정한 발산을 하고 있습니다. 이처럼 얼마나 정확히 이평선이 겹쳐져야 하는지, 겹쳐진 이후 얼마나 더 기다려야 되는지에 대해서는 명확한 시기를 논할 수는 없습니다.

하지만 분명한 것은 상승추세의 종목에서 이평선이 하나로 겹쳐진 채 주가가 가까워지고 있다면 조만간 반등이 임박하다는 뜻으로 알고 매수준비를 해야 된다는 것입니다.

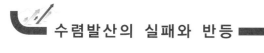
앞서 수렴 이후의 주가의 방향성에 대해 기존추세의 연장일 가능성이 높으므로 상승추세에 있다면 매수포인트로 잡자고 했습니다. 하지만 어디까지나 통계적인 확률일 뿐 모든 가능성을 열어두는 자세 또한 필요합니다. 즉, 견조한 상승추세였음에도 수렴 후 상승이 아닌 하락으로 조정구간을 겪게 되는 경우도 생길 수 있습니다.

하지만 그렇다고 해서, 실망하거나 실패한 투자로 단정할 필요는 없습니다. 보통 수렴지점의 이탈 후에 하락 시 다음 장기이평선에서 반등을 기대할 수 있기 때문입니다.

다만, 반등 이후에 수렴지점에 켜켜이 쌓여있는 이평선들이 저항선 역할을 할 것이므로 단번에 뚫고 올라갈 수 있느냐에 대해서는 장담할 수 없다는 것이 문제입니다.

관건은 반등 이후 평균매수단가가 수익전환이 될 수 있도록 추가매수의 비중을 조절하는 것입니다. 반등 이후에도 여전히 마이너스인 상태라면 쉽게 손절하지 못하고 방치하게 되는데, 주가가 위에 있는 저항선을 뚫지 못하고 재하락한다면, 시간에 대한 기회비용은 커지게 되는 셈입니다.

다음 그래프를 통해 수렴 이후의 하락과 장기이평선 반등의 예를 살펴봅시다.

이 종목은 상당기간 견조한 상승추세를 유지하였고, 2013. 5월에는 이평선이 하나로 뭉쳐지는 수렴의 과정을 겪는 것처럼 보입니다. 게다가 14만 원이라는 깔끔한 가격도 심리적인 안정감을 주고, 마침 75일선도 해당 가격을 가리키고 있으므로 망설임 없이 매수 진입이 권장되는 시점입니다.

하지만 불가항력적인 비자금 의혹이 터지면서 주가가 내려앉게 되고 순식간에 200일선인 12만 원 정도까지 떨어진 후 반등을 한 케이스입니다.

이처럼 설령 적은 확률일지라도 장기이평선까지 떨어지는 리스크에 대비하여 자금비중을 조절하는 것이 필요하며, 처음부터 무턱대고 큰 돈을 집어넣지 말라는 것도 바로 이런 이유에서입니다.

아마 별다른 악재가 없었다면 200일선 하락 이후에도 지속적인 반등으로 기존의 상승추세를 이어갔을 것으로 생각됩니다. 하지만 그래프 이후에도 200일선을 이탈하는 좋지 않은 움직임이 나오게 됩니다. 이 모든 것은 기업의 탈세비리에 대한 리포트가 타격이 컸습니다.

여기서 한 가지 덧붙이는 것은 기본적 분석에 대한 내용입니다.

이제껏 기술적 분석만 강조하다가 갑자기 웬 이야기인가 싶겠지만, 굵직한 뉴스 정도는 어느 정도 참고할 필요가 있다는 것입니다. 어려운 회계장부를 들여다보는 기본적 분석이 아니더라도 대표의 비리에 대한 뉴스라면 수동적인 상태에서도 눈과 귀에 들어올 만한 대형악재입니다.

따라서 기술적 분석상으로는 아무리 좋은 상태에 있다 하더라도, '듣고 보는' 정도까지는 아니더라도 '들리고 보이는' 정보가 대형 악재라고 판단될 때는 손을 대지 않는 게 현명할 것입니다.

급등 후
급락

이격이 커진 종목

이격을 이해하기 쉽게 설명하면 이동평균선과 현재 주가의 떨어진 격차 정도로 생각하면 됩니다. 이격이 변하는 이유는 이동평균선이 주가를 늦게 반영하는 시간차 때문입니다.

예를 들어, 주가가 급등하면 차트의 기울기가 급해지는데, 뒤이어 밑에서 따라오는 이동평균선이 따라붙기에는 시간이 걸립니다. 그러다 보면, 급등의 정도가 커질수록 주가와 이평선의 이격 또한 커질 수밖에 없게 됩니다.

이런 종목들은 종목 자체의 호재와는 별개로, 급등이라는 그 자체만으로도 사람들의 관심을 받게 되고 이는 더욱더 주가를 끌어올리는 비이성적인 과열상태로 이어집니다.

다음 그래프는 이러한 현상을 설명하고 있습니다.

  그래프에서 보다시피, 단기간에 장대양봉이 두 개가 나오다 보니 주가
와 이평선 사이의 간격이 순식간에 벌어졌습니다. 주가와 이평선은 떨
어지게 되면 자석처럼 다시 붙으려고 하는 성질이 있으므로, 언젠가는
둘이 만나는 날이 올 것이며, 이는 주가의 하락을 통해 실현될 것입니
다. 물론 뒤늦게 관심을 가진 개인들이 주가를 더 끌어올릴 수도 있겠
지만, 어디까지 올라갈지는 정확히 모릅니다.

  다음 그래프를 통해 이후의 양상을 살펴봅니다.

문제는 과열 양상이 식으면서 이익 실현을 위한 매도가 너도나도 묻지 마 투매로 이어지게 되면 순식간에 그동안의 상승분을 모두 상쇄하는 급락이 연출된다는 것입니다. 마치 중력의 법칙처럼, 높은 곳에서 떨어진 물체일수록 더 큰 가속도를 가지고 떨어지는 것과 같은 이치입니다.

이렇게 변동성이 큰 종목도 분명 조정 시 매수 타이밍은 있게 마련입니다. 급격히 하락하는 힘이 세다 보니 떨어질 때 받쳐주는 이동평균선이 얼마나 견고하느냐에 따라 지지반등의 여부가 달라질 것입니다.

장기이평선일수록 지지하는 힘이 세다고 했으니, 아무래도 15일선, 20일선, 33일선 등의 단중기이평선은 뚫고 내려갈 확률이 높아 불안합니다.

실제로 위의 그래프를 보면 10~11월에 걸쳐 폭락이 연출되면서 중단기이평선을 모두 이탈하고 150일선에 이르러서야 급락세가 진정되는 모습을 보여줍니다.

급등락의 과정에서 이평선도 꼬이고 단기적으로는 추세가 엉망인 것 같아도, 전체적인 방향성과 규칙성을 찾아볼 수 있다면 여전히 매력적인 종목이 될 수 있습니다.

폭락사태의 11월, 12월 이후에는 정배열이었던 이평선들이 꼬이면서 기울기가 상당히 편평해진 상태로, 추세를 종잡을 수 없는 상황이었습니다.

마음을 놓기에는 아직 데이터가 부족합니다. 추세가 우상향을 계속 유지하면서 주가가 이평선에서 반등하는 모습을 보여주는 횟수가 많을수록 상승추세의 지속에 대한 신뢰감은 더욱 높아질 것입니다.

다음 그래프를 통해 폭락 이후의 양상이 과연 어떻게 흘러가는지 살펴봅시다.

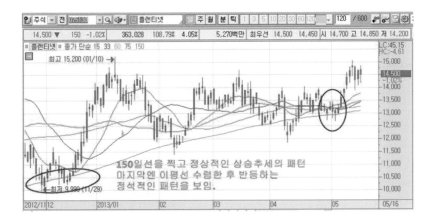

첫 번째 타원 부분이 폭락 후 150일선 반등할 때의 시점입니다. 흥미로운 것은 12~1월의 급등 이후 또다시 단기이평선을 모두 이탈하며 150일선까지 하락하는 조정구간이 나타나게 됩니다. 다행인 것은 여전히 150일선 지지력을 확인시켜주며 추세를 무너뜨리지 않고 있습니다.

이후 3개월 동안 주가의 변동폭을 줄이며 저점을 조금씩 높여가는가 싶더니 5월 들어서는 이평선들이 상당히 뭉쳐져 있는 수렴발산의 형태가 나타나게 됩니다.

수렴 이후 위쪽 방향으로 주가가 상승하면서 이평선들도 점차 우상향 정배열의 형태로 가지런히 제자리를 찾아갈 것입니다.

이로써 급등락을 반복하며 변동성이 큰 종목이라도, 이평선만 잘 지켜준다면 기존의 상승추세를 계속 이어나갈 수 있다는 교훈을 얻을 수 있습니다.

실전투자

This is
the opportunity

시작은
65일선 내지
70일선부터

　　　　　　　　이평선에 접하는 시기를 매수 타이밍으로 잡
으라고 했는데, 이평선의 종류는 단기부터 장기까지 한두 개가 아닙니
다. 그렇다면 어떤 이평선이 매수 타이밍의 기준이 되어야 할까요?

　필자는 최소한 60일 이상의 장기이평선을 매수 타이밍으로 할 것을 권장
합니다. 왜냐하면, 장기이평선으로 갈수록 그동안의 축적된 평균데이터
가 많다는 뜻이므로 힘이 세어진다고 하였고, 이는 그만큼 해당 시점에
서 반등할 수 있는 가능성이 크다는 것입니다.

　큰 물결과 작은 물결이 있다면 어중간하게 작은 물결에서 놀다가
큰 물결을 만나 깊게 추락하는 것보다 되도록 큰 물결의 하락이 있은
후 좀 더 반등의 가능성이 높은 시점에서 매수포인트를 잡겠다는 것
입니다.

　그렇다고 무작정 장기이평선까지 오는 하락을 기다리라는 것은 아닙
니다. 기준을 60일선부터 잡은 것은 너무 보수적이지도 공격적이지도
않은 중립적인 반등타이밍이라고 생각하기 때문입니다.

한창 주가의 흐름이 좋을 때는 5일선, 10일선을 타고 잘 올라가기도 하고, 달리는 종목에 올라타라는 관점에서 이런 종목을 추천하기도 합니다. 하지만 주가는 언젠가 조정을 받을 수 있기에, 그만큼 고가에 편입된 종목은 큰 손실을 초래할 수도 있는 폭락을 맞을 수 있습니다.

여기서의 선택은 신 나게 달리는 말에 올라탔다가 다치기보다는, 흥분을 가라앉힌 말이 충분히 휴식을 취한 후, 힘차게 땅을 내딛기 시작하는 시점을 노리겠다는 이야기로도 해석할 수 있습니다.

한편 경사가 완만하여 서서히 상승하는 견조한 상승추세에서는 100일선이 넘는 깊은 조정을 받기보다는 75일선 안쪽에서 반등하는 경우가 많습니다. 다시 말해 무작정 150일선 200일선까지 내려오길 기다리다가는 매수기회조차 잡지 못하고 주가의 고공비행을 바라만 볼 수밖에 없을지도 모릅니다.

따라서 60일선 내지는 75일선에서 투자를 시작하라는 것은 100%의 확률이 될 수는 없겠지만, 너무 공격적이거나 보수적이지 않은 선에서 기회를 포착하자는 것이지요.

여기서 60일선과 75일선을 개별적으로 언급하지 않고 60일선 내지는 75일선이라고 표현한 이유는 보통 60일선과 75일선이 가깝게 붙어있다 보니 주가의 반등시점이 60~75일선 사이에서 이루어지는 경우가 많기 때문입니다.

따라서 분할매수를 한다면 (60일선) → 60일선과 75일선 사이 → 75일선 → 75일선 약간 이탈한 지점 → (120일선) → 150일선 → 200일선 순으로 매수포인트를 잡으면 됩니다.

괄호로 표시한 60일선, 120일선 이평선은 상대적으로 비중을 적게
둔다는 뜻이지만, 특정 종목이 지속적으로 해당 이평선 반등을 계속해
왔었다면 큰 비중을 두고 고려할 수도 있다는 것을 나타냅니다.

실전 차트를 통해 이 부분을 좀 더 알아보겠습니다.

각 동그라미 친 지점상에 어떤 이평선에서 지지되고 있는지를 표시해
두었습니다. 일단 파란색 60일선과 주황색 75일선 사이의 간격이 그리
크지 않아 거의 한 줄처럼 움직인다는 것을 확인할 수 있습니다.

마지막 두 지점이 150일선 지지를 나타내고 있으며, 그 이전의 대부
분은 75일선 이전에 반등에 성공하였습니다. 따라서 단순히 다수결의
관점에서는 75일선 반등을 보고 들어가는 것이 적당해 보입니다. 또한,
시간이 지날수록 150일선의 경우, 밑에서 따라 올라온 결과 단기이평
선들과 점점 가까워지는 수렴과정을 겪고 있습니다.

다시 말해 75일선을 이탈하여도 다음 이평선인 150일선이 멀지 않기
때문에 급락의 폭이 제한적일 수 있다는 것입니다. 따라서 150일선 지

지를 믿고 75일선부터 분할매수의 관점으로 첫 매수를 시작하고 하락 시 150일선에서 추가 매수하는 것도 괜찮아 보입니다.

마지막 두 번은 150일선 반등이 나타났으니 무작정 75일선 반등을 권장하기에는 무리가 아니냐고 반문할 수 있습니다. 하지만 우리는 100%의 확률과 싸움하는 것이 아닙니다. 위험과 수익은 항상 공존하는 것이되, 그중에서 가장 합리적인 선택이라고 생각되는 부분에 베팅하는 것일 뿐입니다.

이렇듯 60일선 내지 75일선을 반등시점의 기준으로 잡으라고 했지만, 항상 보수적인 투자 마인드를 잃어서는 안 됩니다. 그래프에서 보듯이 75일선에 정확히 접하고 반등하는 것이 아니라 일시적인 이탈, 즉 매달려 있는 형태로 줄을 타고 있기 때문에 이런 부분까지 염두에 두고, 적절한 자금배분이 필요하다는 것입니다.

또한, 150일선까지 떨어지는 과정이 나타나듯이, 주가는 언제나 예상 외의 추가하락을 할 수도 있으므로 75일선에 올인하지 않고 다음 지지선까지 감안하는 분산투자 전략도 세울 수 있어야 하겠습니다.

일봉+주봉+월봉
모두
이평선 지지

　　　　지지력을 판단하는 기준과 힘은 일봉〈주봉 〈월봉이라고 볼 수 있습니다. 하지만 이것은 기간을 기준으로 힘의 세기를 규정한 것일 뿐, 가장 기본은 일봉이 되어야 합니다.

　일봉상에서 어떤 지지를 발견했을 때, 주봉, 월봉 순으로 관찰을 하는데 월봉까지는 아니더라도, 주봉상에서 이평선 지지를 보여준다면 매수 타이밍으로 괜찮은 종목이라고 볼 수 있습니다.

　주봉에서도 일봉과 동일하게 15, 33, 60, 75, 150일선으로 설정을 하되, 경우에 따라 설정변경을 통해 20, 120, 200일선을 참고할 수도 있습니다. 왜냐하면 이 종목이 과거부터 잘 지켜온 이평선이 있다면 그 라인을 찾아야 하기 때문에, 이것저것 넣어볼 필요도 있는 것입니다.

　월봉은 5, 10, 15, 20, 33식으로 설정을 합니다. 12만 넘어가도 1년이다 보니 75월까지 보는 경우는 흔치 않으며, 보통 그 안에서 융통성 있게 설정을 합니다. 월봉은 분석의 우선순위에서 밀리다 보니, 상황에 맞게 설정을 해도 될듯합니다.

결국 요점은, 일봉, 주봉, 월봉을 동시에 참고하여 좀 더 신뢰감 있는 데이터를 얻고자 함입니다. 반드시 정해진 라인이 있는 것이 아니라 어떤 이평선이 되었든, 일. 주. 월봉상 각각 이평선 지지를 보여주고 있다면 금상첨화의 타이밍이라 볼 수 있는 것입니다.

다음 제시하는 세 가지 그래프는 삼성엔지니어링의 동일한 기간에 대해 각각 일봉, 주봉, 월봉을 보여주고 있으며, 2010년 02월 08일 101,500원까지 내려온 주가를 집중적으로 분석하고 있습니다.

먼저 일봉입니다.

동그라미 친 부분이 2010. 02. 08일 최저가 101,500원을 나타냅니다. 150일선에서 주가를 밀어 올리는 반등이 나타나니, 이평선 지지를 확인할 수 있습니다.

당시 시점으로 돌아가 어떤 투자 마인드를 가질 수 있을지 생각해 보겠습니다.

2월에 접어들면서 급격한 하락으로 최저가를 찍기 바로 전날은 대략 105,000원을 가리키고 있습니다. 바로 앞선 시점인 2009년 12월에도 105,000원에 해당하는 가격을 찍고 반등하는 모습을 몇 번 관찰할 수 있기 때문에, 여기를 매수 타이밍을 고려할 수는 있습니다.

하지만 가격 자체보다는 이평선이 지지저항의 기본이므로 조금만 기다리면 좀 더 안전한 150일선에 안착하는 시점을 매수포인트로 잡을 수 있습니다.

또한, 150일선을 약간 이탈한다고 해도 10만 원이라는 매력적인 심리라인이 포진해 있으므로, 150일선부터 10만 원까지는 모두 매수 타이밍으로 노려볼 만합니다.

결과적으로는 150일선을 약간 이탈한 101,500원을 최저가로 찍고 반등했기 때문에, 10만 원까지 기다릴 필요는 없었습니다. 다만 10만 원을 언급한 이유는 심리적으로 지지가 될 수 있는 호가이면서 150일선의 일시적 이탈로 보는 가격에 포함될 수 있기 때문에 넓게 보자는 것입니다.

따라서 이평선의 일시적인 이탈이라는 변수 때문에 정확한 최저가를 장담할 순 없지만, 적어도 이평선에 접하는 시점부터는 첫 매수를 시작하는 것이 권장됩니다.

다음은 동일한 기간에 대한 주봉입니다.

동그라미 친 부분이 앞선 일봉상의 동일한 시점입니다. 거의 정확히 33일선에서 지지 후 시세를 분출하는 반등이 나타남을 확인할 수 있습니다.

2009년의 계단식 상승 이후 한동안 11만 원 정도에서 횡보하던 주가는 33주선을 찍고 그동안의 방황을 마무리라도 하려는 듯 급등양상을 보입니다.

이렇듯 일봉상에서 150일선이라는 장기이평선 반등을 보인 시점이 주봉상에서도 33주선 반등이 나오는 시점과 일치한다면 해당 가격에 대한 신뢰는 더욱 높아집니다.

흥미로운 것은 급등 이후 다시 상당한 조정을 받으며 10만 원에 매칭되는 60주선을 찍고 재반등에 성공하며 기존의 상승추세를 이어간다는 점입니다.

앞서 10만 원 이전의 반등으로 아쉽게 매수 타이밍을 놓쳤다면 재하락 시점에서 마침 10만 원이 60주선을 가리키는 것을 확인하고 매수시점으로 잡을 수 있겠습니다.

이렇듯 일봉과 주봉상에서 동일가격에 대한 이평선 지지를 확인한다면 웬만큼 반등의 근거가 마련된 셈이지만, 월봉에서도 이평선 지지가 나온다면 금상첨화라 할 것이므로 내친김에 월봉은 어떤 상태인지 확인해 보겠습니다.

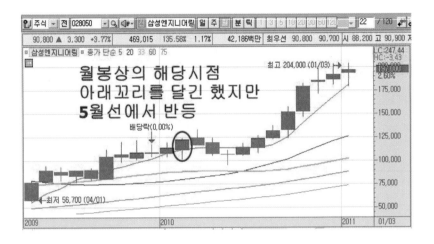

동그라미 친 부분인 해당 시점을 보면 빨간색인 5월선에서 양봉을 나타내며 반등했다는 것을 알 수 있습니다. 하지만 단순히 월봉상의 반등을 확인했다고 단정하기에는 상당한 사연이 있으므로 당시 시점에서 좀더 면밀한 분석을 해보도록 하겠습니다.

월봉에서는 봉 하나가 한 달을 나타내기 때문에 마킹된 월봉은 2월 전체의 전체적인 주가 움직임의 폭이라고 볼 수 있습니다. 따라서 아래꼬리의 끝 부분은 2월 중의 최저가 즉, 우리가 포인트로 잡았던 일봉상의 최저가인 101,500원입니다. 2월의 전체가 아닌 당시 시점에서는 월봉이 5월선을 밑에서 이탈한 상태로 존재합니다.

우선 상대적인 이탈 폭을 비교하는 차원에서 1월봉과 5월선의 관계를 보면, 이탈 폭이 그리 크지 않음을 확인할 수 있습니다. 이에 비해 2월봉에서는 근소한 이탈이라고 보기에는 다소 벗어나 있기 때문에 5월선의 지지가 확실한지에 대해서는 단정할 수 없습니다.

다시 말해, 지나고 보니 양봉으로 마감했고 시가와 종가로 따져볼 때 5월선을 지지했다고 판단할 수 있지만, 당시 시점에서는 오히려 음봉인 상태로 5월선 밑에 있었다는 점입니다. 음봉의 근거는 2월이 시작되면서 주가의 하락으로 우리가 포인트로 잡고 있는 101,500원을 찍었기 때문입니다.

이렇듯 월봉상에서는 5월선 지지를 백퍼센트 확신할 순 없지만, 가장 기본인 일봉과 주봉이 명확히 이평선 반등을 나타내고 있기 때문에 월봉 자체에 큰 신경을 쓸 필요는 없습니다.

결국, 당시 시점에서는 일봉과 주봉의 명확한 이평선 지지, 그리고 5월선의 일시적 이탈을 근거로 해당 가격 지지에 대해 힘을 실어줄 수 있습니다.

이상을 종합하면 동일한 가격시점에서 일봉, 주봉, 월봉상 각각 어떠한 이평선에 접해있는 상황이라면 매력적인 매수 타이밍이 될 수 있음을 다시 한 번 강조하며 매매에 적극 활용하기를 권장합니다.

이평선+가격 지지
(심리적인 가격)

CASE 1

위 종목은 현재 매수 타이밍에 있습니다. 이유인즉슨, 일단은 견조하고 깔끔한 우상향의 상승추세 + 30만 원 평행지지선 + 30만 원이라는 심리적인 가격 + 75일선 지지(일시적 **이탈 감안**). 이렇게 4단 콤보가 맞아떨어지는 상황이기 때문입니다.

차트를 읽어내는 능력향상을 위해 좀 더 면밀한 분석해 보겠습니다.

이 종목은 이평선상으로 볼 때 전반적으로 정배열 형태를 띠고 있는 우상향이라 그리 흠잡을 데는 없습니다. 하지만 차트상에 보이지 않는 가상의 가격지지를 생각해본다면 30만 원이 의미하는 바를 살펴볼 필요가 있습니다.

차트의 전반부에서는 30만 원을 뚫기 위해 몇 차례의 시도를 합니다만, 단기고점을 만들면서 매번 좌절됩니다. 즉 이때는 30만 원이 저항선 역할을 하게 되는 것입니다. 한편 몇 번의 시도 끝에 4월 즈음 결국 30만 원을 뚫어내는 시세 분출이 나타납니다. 이후 주가가 계속 30만 원 위에서 유지되기 때문에 이제는 해당 가격이 지지선의 역할을 하게 됩니다.

앞서 추세의 전환을 계기로 이평선이 지지선에서 저항선 역할로 바뀐다는 점을 언급하였는데, 가격지지 또한 해당 가격을 뚫어내느냐의 여부에 따라 지지냐 저항이냐의 역할이 바뀔 수 있다는 점을 잊지 말아야겠습니다.

따라서 이런 점을 적극 활용한다면 마지막 현시점에서는 조정 후 30만 원 반등을 기대할 수 있는 절호의 찬스가 되고, 마침 75일선도 가리키는 지점이라 신뢰도는 더욱 높아지는 것입니다.

엄밀히 이야기하면 현재 75일선은 30만 원이 넘는 가격에 형성되어 있습니다. 하지만 우상향의 이평선이 시간이 지남에 따라 조금씩 상승하였고, 30만 원과의 격차가 그리 크지 않음을 감안하면 75일선의 일시적 이탈로 보고 30만 원까지는 넉넉히 매수포인트로 잡을 수 있음을 뜻합니다.

중요한 부분을 복습하는 의미로 한 가지 언급하자면, 급등 이후의 하락 시에 매수포인트를 어떻게 잡을 것인가에 대한 해답이 적어도 60일선 내지는 75일선까지 기다리라는 것이었습니다. 위 종목은 4월에 상당한 급등 이후 조정을 거치게 되는데, 중간에 있던 단기이평선을 모두 뚫고 내려와 75일선까지 떨어지게 됩니다.

다시 말해 급등과정을 지켜보며 매수포인트를 가늠하던 투자자라면 당연 30만 원에 일치하고 있는 75일선을 매수포인트로 잡고 기다릴 수 있다는 이야기입니다.

CASE 2

그렇다면 이제는 좀 더 기간을 넉넉하게 잡고 몇 년에 걸친 추세를 확인할 수 있는 그래프를 살펴보겠습니다.

2002년부터 약 3년간의 추세를 관찰할 수 있는 주봉 그래프입니다.

첫 번째 케이스처럼 가격지지와 저항, 그리고 이평선 지지를 관찰할 수 있다는 점은 동일하지만, 몇 년에 걸친 오랜 기간을 놓고 볼 때도 동일한 패턴이 나타난다는 점은 한 번쯤 눈여겨볼 필요가 있습니다.

일봉 차트만 놓고 볼 때는 확신할 수 없었던 내용들을 이처럼 넓은 기간을 놓고 관찰해보면 해당 가격에 대한 지지력을 좀 더 뒷받침하는 포인트를 잡아낼 수 있다는 점에서 다양한 설정을 통한 관찰도 필요하다고 하겠습니다.

간단한 분석을 통해 케이스 1의 내용을 복습해 보겠습니다.

위 그래프를 보면 40만 원이 깔끔한 심리적인 지지선 역할을 함과 동시에 최근 3년이 넘는 긴 시간 동안 40만 원을 기준으로 5번의 가격지지와 저항을 관찰할 수 있습니다.

첫째, 둘째 동그라미 포인트까지는 40만 원이 저항선 역할을 하고, 해당 가격을 올라선 이후부터는 반등포인트가 되는 지지선 역할을 하고 있음을 알 수 있습니다. 게다가 눈썰미가 좋은 분이라면 마지막 다섯 번째 동그라미, 2004년 말에 나타나기 시작한 150주 이평선도 대략 40만 원을 가리키고 있음을 확인할 수 있습니다.

결국, 마지막 시점을 매수 타이밍이라 보는 근거는 상승추세 + 150일선 지지 + 40만 원 평행지지선 + 40만 원이라는 깔끔한 심리적인 가격이라고 볼 수 있습니다. 이렇게 4단 콤보가 맞아 떨어진다면 웬만해서는 기존의 상승추세를 이어나가는 매수급소가 될 수 있음을 다시 한 번 강조합니다.

매번 추세의 중요성을 강조하는 이유는, 이렇듯 상승추세가 유지될 때는 일시적인 조정을 받을 때라도 이평선이 지지선의 역할을 하며, 주가반등의 타이밍을 준다는 점입니다. 반대로 하락추세일 때는 일시적인 반등으로 희망을 보이다가도 위에 기다리고 있던 이평선이 저항선 역할을 하면서 주가를 찍어 내리므로 더 이상의 상승이 힘들어진다는 점을 명심해야 될 것입니다.

우상향의 완만한 경사를 가지고 아래위 꼬리를 길게 달지 않는 것이 견조한 상승추세라면, 이와는 달리 들쭉날쭉하면서도 큰 변동성을 가지는 애매한 상승추세도 있습니다.

완벽히 완만하고 고운 상승추세를 찾는 것은 현실적으로 쉽지만은 않습니다. 아무리 좋은 차트라도 잔잔한 파도처럼 완만하고 우직하게 올라가는 시기가 있는가 하면, 급격한 경사를 보이면서 큰 파도를 만들 때도 있게 됩니다.

경사가 완만할 때에는 이평선과 작은 간격을 유지하면서 서서히 상승하는 모습을 보여줍니다. 그러다 경사가 급해지는 급등이 나타나게 되면 주가와 이평선과의 이격은 커지게 되지요. 산이 높으면 골이 깊은 법이라고, 주가는 항상 이평선과의 간격을 일정하게 유지하려고 하므로 높이 올라간 만큼 큰 폭의 하락이 있게 됩니다.

우리는 앞서 급등으로 인해 이격이 커진 종목이 조정을 받을 때 매수 타이밍을 잡는 법에 대해 살펴보았습니다. 실전에서 편입되는 대부분의 종목들이 이런 패턴에 해당하는 종목이 많으므로, 이번 실전에서도 단계별 대응전략을 살펴보는 시간을 갖도록 하겠습니다.

다음은 역시 상승추세의 종목이 다양한 경사를 만들어내며 조정을 받는 모습입니다.

    12월까지는 아주 완만하고 곱게 상승하고 있으며, 대부분 15일선을 타고 큰 변동 없이 조금씩이지만 잘 올라가고 있습니다. 그러다 12월에 급등이 일어나고 다음 해 1월에 약간의 조정이 있은 후, 또다시 며칠 동안 급등을 하면서 주가와 이평선 사이의 이격은 상당히 벌어져 있는 상태입니다.

    그래프의 마지막 부분은 이제 주가가 진정한 조정을 받는지를 테스트하면서 매수 시점에 대해 생각해볼 중요한 지점입니다. 종목을 검색하다가 이런 종목이 눈에 띄면 반드시 관심 종목으로 넣고 지켜보아야 합니다.

    보통 급등 이후의 조정일 때는 60일선 이상의 장기이평선까지 내려올 때까지 기다리는 것이 반등확률 시점을 높이는 것이라고 했습니다. 마지막 일봉을 보니 역시 33일선을 이탈하려는 모습입니다. 다음 지지선인 60일선까지의 폭이 다소 큽니다. 애매하게 중간에서 매수하다가는 60일선까지 내려오는 동안 큰 손실을 감내해야 할 수도 있습니다.

    한번 매수했다고 반드시 반등하는 것은 아니므로 몇 단계에 걸쳐 지지선을 다양하게 설정해 봅니다.

142

143

일단 1차 지지선은 60일선과 75일선의 중간인 37,500원 정도가 눈에 들어와야 됩니다. 가격도 깔끔하고 중간지점인 만큼 적당히 타협한 가격이 됩니다. 다만, 상승추세에서의 이평선은 말 그대로 시간이 지남에 따라 상향될 수 있는 것이고, 그 변화의 폭은 장기이평선일수록 더디다는 점을 감안해야 합니다. 따라서 몇 일정도 지나면 32,500원은 75일선이 차지하고 있음을 예상할 수 있습니다.

2차와 3차 지지선은 일봉의 흐름이 만들어내는 가상의 평행한 가격 지지선입니다.

그래프에서 보듯이 각각 35,000원과 32,500원을 생각해 볼 수 있습니다. 비교적 깔끔한 가격이라 신뢰도는 좀 더 좋아집니다.

게다가 현재 150일선이 32,500원보다 약간 밑에 있는데, 시간이 좀 더 지난다면 정확히 37,500원에 올 것이므로 이평선이 만들어주는 지지력 또한 확인할 수 있는 좋은 포인트가 될 것입니다.

이제 이후의 상황을 나타내는 다음 그래프를 살펴봅시다.

다음날도 역시 폭락이 연출되었습니다.

흥미롭게도 37,500원 약간 밑에 포진해 있는 75일선에 일봉의 꼬리를 터치하면서 75일선 지지에 대한 강한 신뢰를 주고 있습니다. 비교적 500원 단위의 깔끔한 가격인 37,500원이라는 점도 한층 맘에 듭니다.

역시 이 부분에서도 이평선 지지 + 평행가격지지 + 심리적 가격지지가 나오고 있습니다. 하지만 보수적인 투자마인드를 잃지 않기 위해서 최악의 경우를 생각해야 하므로, 다음 지지선인 150일선까지 떨어지면 추가매수를 얼마만큼 해야 할지에 대해서도 생각해볼 문제입니다.

결론적으로 75일선 정도까지 떨어졌다면 웬만큼 조정을 받은 것이라고 생각하고 매수 진입이 권장됩니다. 좀 더 추가하락을 하여 120일선, 150일선, 200일 선까지도 올 수 있지만, 언제까지고 기다릴 수만은 없는 노릇입니다. 우리는 언제나 지나고 나서가 아니라 당시의 시점에서 가장 합리적이다고 생각하는 선택을 해야 하기 때문입니다.

이후의 상황은 다음 그래프에서 제시해 봅니다.

안타깝게도 주가는 결국 150일선까지 추락하였습니다.

그 사이 시간이 흘러 32,500원이었던 150일선이 33,000원을 가리키고 있고 주가가 정확히 그 시점에서 꼬리를 달고 터치하면서 반등의 움직임이 나온다는 것이 한 가지 희망입니다. 또한 33,000원에 가상의 평행선을 그어보면 일봉들이 주변에서 가격지지를 하고 있음을 확인할 수도 있으니 좀 더 반등에 대한 기대를 높여줍니다.

그래프상에 A라고 표시된 네모박스 부분을 한 번 살펴봅시다.

바로 전 그래프에서는 정확히 75일선을 딛고, 그 위에서 하루를 마감했는데, 다음날부터 4일 동안은 75일선 밑에서 반등을 위해 아우성치고 있는 모습입니다.

만약 75일선 위에서 저런 모습이었다면 밑에서 자꾸 받쳐준다는 긍정적인 기대를 해 볼 수 있겠지만, 아쉽게도 밑에서 올라가려고 애쓰는 모습이니 그리 좋아 보이지는 않습니다. 추가 매수하지 않고, 관망해야 하는 타이밍입니다.

일봉의 위꼬리를 정확히 75일선에 터치하면서 지속적으로 회복을 노리고 있지만, 결국 올라서지는 못하고 힘에 부친 채 150일선까지 이탈합니다. 실망이 컸던지 커다란 음봉을 그리면서 불과 이틀 사이에 150일선까지 도달합니다.

이처럼 이평선과 일봉의 움직임 속에는 미묘한 힘의 역학 관계와 심리가 개입되어 있음을 확인할 수 있으며, 차트를 분석하는 하나의 팁이 될 수 있습니다.

75일선보다 150일선은 좀 더 장기간의 데이터가 누적된 것이므로, 좀 더 신뢰감을 가지고 매수를 감행해 봅니다. 이때 전제가 되는 것은 여전히 주가는 상승추세에 있으며 일시적으로 큰 조정을 받고 있을 뿐이다라는 것입니다.

만약 그렇지 못하고, 고점 이후에 하락추세로 완전히 전환된 과정 중에 있는 것이라면, 주가는 결국 계속 하락할 운명에 놓이게 됩니다. 하지만 여기서는 상승추세의 연장에 가능성을 두고, 150일선의 지지 + 평행가격지지 + 심리적 가격지지를 믿어보도록 합니다.

이미 75일선에서도 동일한 패턴으로 지지력을 테스트하고 실패했지만, 이제는 좀 더 강력한 150일선에서의 반등이 성공할지가 초미의 관심사일 것입니다. 만약 주가가 올라선다면 수익률이 플러스로 전환되느냐의 문제가 남습니다.

이후의 상황을 살펴봅니다.

B 지점을 보듯이 주가는 다행히 반등에 성공하였고, 75일선까지 상승한 후 C 지점에 이르기까지 횡보 양상을 보이고 있습니다.

좀 더 심도 있는 분석을 해 봅시다.

B 지점

이 구간의 관건은 매도시점을 언제 잡느냐일 것이고, 매도시점에서 수익률이 플러스로 전환되었는가의 여부입니다. 150일선 터치 이후 이틀에 걸쳐 단숨에 75일선까지 회복하는 양봉의 흐름이 나왔습니다.

이제는 위에 자리 잡고 있는 이평선이 저항선의 역할을 한다는 것을 감안하면 75일선에 근접할 때 일정 부분 내지는 전량 매도를 통해 수익을 챙기는 것이 맞습니다. 그래프에서 보듯이, 신기하리만큼 주가는 75일선에서 정확히 저항을 맞고 지지부진한 양상을 보이고 있습니다.

C 지점

B 지점 이후에 3일 정도 횡보하던 주가가 또다시 75일선을 터치하면서 올라서려고 하지만, 역시 저항을 이기지 못하고 재차 하락하고 있습니다. 역시 75일선이라는 저항선을 감안한다면 매도를 통해 물량을 덜어내는 현명함이 필요합니다.

75일선 탈환에 실패한 주가는 첫 번째 음봉에서 15일선을 딛고 일어서는 듯하더니, 다음 날 계속 하락합니다. 이제 생각해 보아야 할 것은 또다시 150일선까지 하락 후 반등에 성공하느냐의 여부입니다. 이평선 사이의 어중간한 가격대에서는 추가매수를 자제하고 150일선까지 기다리는 인내심이 필요할 때입니다.

이제 이후의 그래프를 제시합니다.

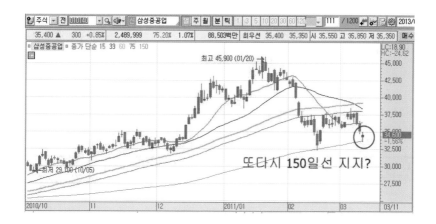

또다시 150일선 지지?

동그라미 친 부분은 다음날 일봉의 모습입니다.

150일선 반등 후 며칠 시간이 흐르는 사이 150일선이 따라 올라가면서 이평선이 가리키는 가격 또한 좀 더 높아진 경우입니다.

아래꼬리가 정확히 150일선을 터치하면서 150일선 지지에 대한 강력한 의지를 보입니다. 정확히 150일선에 해당하는 가격을 추가매수의 포인트로 잡을 수도 있습니다.

하지만 언제나 이평선을 정확히 지키면서 반등하지 않을 수도 있음을 감안한다면 32,500원까지도 생각해 볼 수 있습니다. 왜냐하면 바로 이전 저점이 150일선인 32,500원이었고, 가상의 평행지지선을 그어볼 수 있는 신뢰도 있는 가격이기 때문입니다. 역시 500원 단위의 깔끔한 호가라는 점도 마음에 듭니다.

이 시점에서는 적당히 타협해서 150일선~32,500원을 매수 타이밍으로 잡을 수 있습니다.

이제 이후의 주가 흐름을 살펴봅니다.

D 지점을 보면 바로 다음날 정확히 32,500원까지 떨어졌다가 V자형의 급반등에 성공하면서 며칠 상간에 마지막 저항선으로 포진해있던 60일선마저 뚫어버리는 흐름을 보입니다.

D 지점에서 반등을 하고 보니 B 지점과 함께 전형적인 W자형의 이중바닥을 만들고 있음을 확인할 수 있습니다.

앞선 그래프에서 이야기한 전저점 지지에 대한 기대를 충족하고 있습니다. 또한 32,500원상에 그어진 평행지지선을 보아도 해당 가격이 지지력을 충분히 가질 수 있겠다라는 확신을 심어줍니다.

한 가지 생각해 볼 것은 앞서 나온 이야기 중 반등 시 위에 있는 이평선을 만나면 저항을 생각하고 물량을 정리하라고 했는데, B 지점에서는 맞는 이야기가 되었지만, D 지점에서는 이평선을 완전히 뚫고 올라갔기 때문에, 더 큰 수익을 놓칠 수 있는 것 아니냐고 반문할 수 있습니다.

하지만 이것은 어디까지나 결과론적인 이야기입니다. 지난 것을 놓고 보니 이랬다는 것이지 당시에는 주가가 어떻게 될지 알 수 없는 상황이고, 좀 더 안정적인 투자를 위해서는 조금의 수익이라도 수익을 확정하는 것이 현명한 것이라 판단하기 때문입니다.

추가수익에 대한 기대감이 크다면 물량을 전부 정리하지 않고, 절반이든, 일부가 되었든 분할매도를 통해 일정 부분 수익을 확정하고, 나머지 물량으로 추가수익을 노리는 것도 한 가지 방법이 될 수 있습니다.

이처럼 D 지점을 매수포인트로 잡을 수 있는 근거는 상승추세 + 150일선 일시적 이탈 + 평행가격지지 + 심리적 가격지지 + 전저점을 지키는 W자형의 반등으로 그동안 살펴본 내용들이 복합적으로 뒷받침하고 있습니다.

여기에 더해 일봉, 주봉, 월봉상의 동시다발적인 이평선 지지를 확인할 수 있다면 더욱 신뢰도는 높아진다고 했는데, 과연 이번 케이스에서는 주봉의 이평선 지지가 나오고 있는지 살펴보도록 하겠습니다.

주봉을 보니 주가의 전체적인 흐름이 좀 더 간결하고 깔끔하게 나옵니다.

B 지점과 D 지점은 앞선 일봉 차트에서 제시했던 지점과 똑같은 시점을 주봉상의 그래프에 표시한 것입니다. B 지점을 보니 정확히 33주선

에서 반등하는 움직임입니다.

만약 B 지점이 마지막이어서 더 이상의 자료가 없는 현재 시점이라면, 주저 없이 매수를 감행했을 것입니다.

또한 B 지점의 반등 이후 D 지점에 진입했을 때를 보면 33주선에서 반등하는 듯하다가 이전 저점인 32,500원까지 살짝 이탈한 후 급반등하였음을 알 수 있습니다. 32,500원을 가리키는 평행지지선 또한 깔끔하게 주가의 경계를 구분 지어주는 지표가 되고 있으니 그야말로 금상첨화라 볼 수 있습니다.

꼬리
달기

주식을 하면서 한 가지 안타까운 상황이라면, 매수 타이밍은 생각하고 있었는데, 나도 모르는 사이에 매수가에 도달했다가 이미 상승을 해버려서 타이밍을 놓치는 경우가 있습니다.

아래꼬리를 길게 달고 있는 일봉을 바라보며 안타까울 수밖에 없는 이유는 하루종일 모니터를 쳐다보며 원하는 가격까지 내려오길 기다릴 수 없기 때문입니다. 특히 매수하려고 하는 가격이 현재가보다 많이 싸기 때문에 그때까지 내려오겠느냐는 의문이 드는 상황에서는 더욱 그렇습니다.

이런 문제점을 해결하려면 미리 매수주문을 넣어두거나, 예약매매 옵션을 활용하면 됩니다. 이 부분을 특히 강조하는 이유는, 단기간인 하루 이틀 만에 수익을 낼 수 있는 매력 때문입니다.

당일 저가일 때 편입되어서 고가로 마감하는 경우에는 첫 스타트를 수익으로 시작하기 때문에 바로 이익 실현을 하거나, 차후 좀 더 이익을 도모할 수 있으므로 짧은 기간 안에 최대의 수익을 거둔다고 하는 효율성의 관점에서도 매우 바람직하기 때문입니다.

주의해야 할 것은, 항상 내가 원했던 시나리오대로 주가가 움직이는 것이 아니므로 편입된 이후에도 추가하락이 생길 수도 있다는 점입니다. 그러므로 분할매수의 관점에서 소량편입으로 수익이 나면 다행이고, 내려갔을 때는 다음 지지선을 생각하며 추가매수를 통해 단가를 낮춰간다고 생각하시면 됩니다.

정리를 하자면 원하는 매수 시점의 이평선이 현재가보다 다소 떨어져 있더라도 저가 매집을 위해 부지런히 미리 매수를 걸어놓자는 것입니다. 이후에 꼬리 달기를 하면서 반등을 한다면 하루 만에 높은 수익을 얻을 수 있으니 매우 유용한 전략이라 하겠습니다.

다음은 위의 설명을 대신할 실전 그래프입니다.

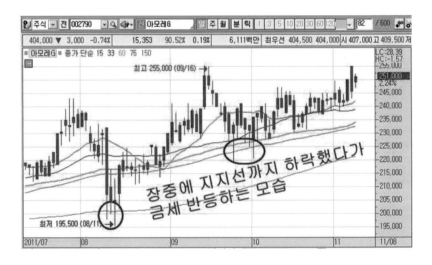

사실 이런 투자법은 확신을 가지고 하기보다는 확률의 싸움이라고 봅니다. 이런 종목들은 장중의 변동폭이 크다는 이야기인데, 실제로 이평선을 정확히 지켜주지 못하고 그 이하로 떨어졌다가 올라가는 경우가 많습니다.

급락을 할 때의 군중심리가 개입되다 보면 일시적인 이탈이 있을 수 있는데, 상승추세 속의 이평선 지지가 맞는다면 이는 크게 신경 쓰지 않아도 될 것입니다.

짧은
호흡

만약, 일찍 매도한 바람에 더 큰 수익을 챙기지 못할 것이냐, 혹은 일찍 매도하지 못해 오히려 내려간 주가를 바라봐야 하느냐를 선택해야 한다면, 단연코 일찍 매도해서 적은 수익만 챙기고 만족하겠다를 선택할 것입니다.

이는 필자가 추구하는 단기투자의 성격상 미래로 설정한 기간이 길어질수록 커지는 불확실성을 감내하기보다는 현재의 적은 수익에 만족하고, 또 다른 투자를 통해 수익을 극대화하겠다는 전략과 맞아떨어진다고 볼 수 있습니다

전체 시장의 움직임이 좋을 때는 눈감고 찍어도 대충 수익이 날 정도로 대부분의 종목이 상승하게 됩니다. 하지만 주가가 횡보하거나 하락할 때는 좋은 성적을 거두기 힘들다는 것은 당연한 결과입니다.

하지만 주가가 지지부진할 때라도 이평선을 적극적으로 이용한다면 나름의 수익을 챙길 수 있는 구간도 존재합니다. 이른바 짧은 호흡이라고 이름 붙인 것처럼 이번 소개할 투자법은 단기투자의 묘미를 충분히 보여주

되, 이평선이라는 가장 기본적인 툴만 활용한 매력적인 투자방법이라고 하겠습니다.

주가는 우리가 매수한 시점에서 급반등을 통해 지속적으로 가격을 높이지는 않습니다. 올라가는 듯하다가 다시 원위치가 되거나 심지어 더 내려갔다가 올라가는 경우가 생긴다면 맥은 풀리고, 일찍 팔지 못한 것에 대한 아쉬움도 남습니다.

예를 들어 만 원에서 이만 원까지 간다고 했을 때 단번에 가는 경우가 있는가 하면, 부침을 반복하며 여러 물결을 만드는 경우도 있을 것입니다. 이번 전략이 노리는 최고의 시나리오는 부침을 반복할 때마다 각 물결에서 수익을 얻을 수 있는 수익 극대화 전략이라고 하겠습니다. 결국 시작과 끝은 같아도 수익은 몇 배를 거둘 수 있는 효과적인 방법입니다.

여기이평선을 이용한 단기투자의 매력을 보여주는 그래프가 있습니다.

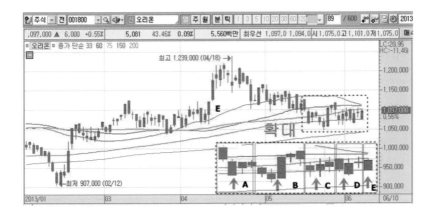

그래프의 마지막 3주 정도를 확대한 모습입니다.

4월의 급등 이후 조정구간에 들어섰을 때 150일선까지 떨어지면서 부근에서 횡보하는 모습입니다. 언뜻 보면 큰 움직임 없이 옆으로 횡보하는 구간 같지만, 하나하나 뜯어서 관찰해보면 한 달도 안 되는 기간 안에 무려 다섯 번의 매수 타이밍을 주고 있습니다.

A, B, C, D, E로 다섯 구간을 잘게 나누었을 때 각 박스 안의 화살표 지점은 매수급소를 나타냅니다. 실제로 다섯 번의 매수매도를 반복하기란 어려울 수도 있고, 지나고 난 후의 의미 없는 분석이 아니냐는 반문을 할 수도 있습니다. 또한 수수료 문제도 간과할 수 없습니다.

하지만 여기서 말하고자 하는 것은 최대한 짧은 기간 내에 적은 수익이라도 확정 짓는 효율적인 단기투자를 강조하기 위함이고, 실제로 이런 투자 마인드라면 주가가 작은 물결로 횡보하는 상황에서도 연속적인 수익을 거둘 수 있다는 점입니다.

이러한 기법이 성공하기 위해서는 이동평균선에 의한 지지저항이 밑받침이 되어야 함은 두말할 여지가 없습니다.

위의 그래프에서는 타이밍의 핵심이 150일선입니다. 녹색으로 표시된 150일선에 접하거나 살짝 이탈했을 때가 매수 적기입니다. 물론 추가하락으로 200일선까지 내려갈 수도 있겠지만, 분할매수의 시작점을 150일선으로 보고 일단은 충분히 들어가 볼 수 있습니다. 여유자금이 많다면 살짝 이탈했을 때도 일시적 이탈로 간주하고 추가 매수한다면 더 많은 수익을 거둘 수 있습니다.

네 지점 모두 화살표 지점을 매수급소로 했을 때 편입했다면 길어야 3~4일 내로 1~4% 정도의 수익을 거둘 수 있는 시점이었습니다.

이렇게 짧은 호흡으로 몇 번의 연속적인 수익을 거두게 되면, 짜릿한 만족감과 성취감이 듭니다. 주가를 통제할 수는 없지만, 적극적으로 이용하고 있다는 자신감 또한 생겨납니다. 하지만 여전히 자만해서는 안 됩니다.

어디까지나 좋은 시나리오대로 주가가 흘러가 주었기 때문이지, 아무리 훌륭한 분석이라도 예상과 달리 폭락이 나오는 것은 언제라도 일어날 수 있는 일입니다.

종합복습
예제

       그동안 여러 가지 패턴에 대해 공부하면서 매수시점을 어떻게 공략할지에 대해 살펴보았습니다.

  이번에는 한 종목이 상승추세에서 하락추세에 이르기까지 시간의 흐름에 따라 다양하게 나타나는 각종 패턴을 복습할 수 있는 시간을 갖도록 하겠습니다.

  여기 이평선 정배열의 깔끔한 상승추세의 종목이 있습니다. 이 종목은 조정을 받을 때마다 이평선의 지지라인을 잘 지켜주면서 줄곧 반등하여 여전히 상승추세를 연장해 나가는 좋은 흐름을 보이고 있습니다. 역시 첫 번째 관건은 어떤 이평선을 매수시점으로 잡느냐는 것입니다.

  다음 실전 차트를 통해 현시점에서 어떻게 대응해야 할지 판단해 봅시다.

위 종목을 보면 최초 두 번은 33일선 지지를 보여주었습니다. 그러다가 세 번째는 일찍이 15일선부터 지지를 하면서 주가를 끌어올리다가, 그것도 잠시. 결국, 33일선까지 내려오면서 지지를 할까 말까 방황하다가 네 번째인 60일선까지 조정을 받고 반등하는 모습을 보여줍니다. 반등 이후에는 15일선과 33일선 등을 지지하면서 주가가 급등하고 있습니다.

이렇듯 지나고 난 이후의 차트를 분석하면서 매수시점에 대해 이야기하면 15일선이나 33일선상의 지지점을 가리킬 수 있습니다만, 미래를 알 수 없는 현시점이라면 언제 주가가 60일선 이상의 장기이평선까지 하락할지는 명확히 판단할 수 없습니다.

분명한 것은 어찌 됐든 주가는 60일선까지 조정을 받았으며 그 시점에서는 반등을 해 주었다는 것입니다. 단기이평선보다는 장기이평선까지 기다렸다가 매수를 하는 것이 좀 더 큰 반등의 확신을 갖게 한다는 것이지요.

물론 60일선까지 주가가 하락했더라도 75일선 이후의 장기이평선까지 하락할 수도 있음을 염두에 두어야 합니다.

이런 경우라면 두 가지 중의 선택을 하게 됩니다.

첫째, 60일선에서 소량 매수를 하고, 올라주면 그 수익에 만족하고, 떨어지면 75일선과 150일선 등에서 더 큰 확신을 가지고 추가매수를 하여 매입 단가를 떨어뜨리는 것입니다

둘째, 그냥 75일선 이후의 장기이평선까지 기다렸다가 매수를 노리는 최저가 매입을 기대하는 것이지요.

다시 그래프로 돌아와 마지막 33일선 지지 이후에 급등세를 보이면서 경사가 급한 그래프의 모양이 연출됩니다. 그리고 마지막에는 물음표가 그려져 있지요. 다음에는 어떤 모양이 연출될까요? 이때는 어떤 시나리오를 예상하고 대응해야 할까요?

깨끗한 상승추세란 이렇게 급격하게 들쭉날쭉한 변동성으로 그래프를 흩트리는 것이 바람직한 것은 아닙니다. 말 그대로 견조한 상승추세가 되고자 한다면 완만하고 부드러운 경사로 돌아오려고 하겠지요.

주가는 이격의 개념이 있어서, 이평선과의 거리가 멀어지면 다시 돌아오려는 관성이 있습니다. 문제는 그것이 언제쯤일지는 정확히 모른다는 것이지만, 어찌 됐든 갑작스러운 급등 후에는 급락이 있을 것이고, 그 급락을 막기에는 단기이평선으로는 부족할 가능성이 많습니다.

자, 그러면 물음표 이후의 움직임을 살펴봅시다.

예상했던 대로 최초 그래프의 물음표 이후에 급락을 동반합니다. 그리고 그래프 마지막 부분에 A, B, C라고 표시된 부분이 있습니다.

각 부분의 의미를 한 번 살펴봅니다.

A 지점

조정을 받기 시작하면서 3일에 걸쳐 15일선에서 지지를 할까 말까 방황하는 모습입니다. 3일 동안 지지부진하면서 이평선에서 놀고 있더니 B로 가기 전 3일은 그야말로 15일선 지지를 판단하기 힘든 변동성을 보여줍니다.

B 지점

15일선으로 하락을 막기에는 역부족이었던지 주가가 꼬리를 달면서 15일선 밑에서 머물러 있는 모습입니다. 주목해야 할 것은 장중에 거의 33일선을 찍고 왔다는 것이지요. 이것의 의미는 이평선의 존재가 지지선의 역할을 하므로 잠깐 하락하더라도 이평선에 도달하면 지지력을 테스트하는 힘을 받게 된다는 것입니다. 결국, 장 중에는 33일선에서 강력한 지지를 받고 그 이상의 가격에서 장을 종료하게 됩니다.

C 지점

일봉의 모양새가 B와 비슷합니다. 다만 이번에는 장중에 60일선과 75일선 사이까지 잠깐 내려왔다가 지지력을 테스트하는 힘을 받고, 올라가면서 결국엔 33일선을 지켜주며 마감했다는 것이지요. 그렇다면 주가는 33일선에서 더 이상의 하락을 멈춘 것일까요? 재상승을 할지 말지, 추가하락을 할지는 단정할 수 없습니다만, 앞서 이야기했듯이 좀 더 보수적이고 확실한 투자를 위해서 60일선까지는 기다려 보는 것도 고려할 만합니다.

다음 그래프를 보면 이후의 양상이 나옵니다.

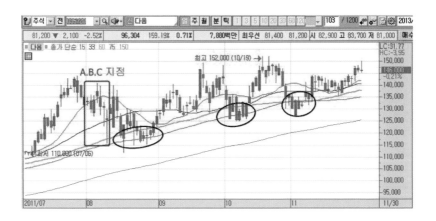

C 지점 이후에 3일 정도는 33일선을 지켜주며 상승을 시도하는 모습입니다. 하지만 다음날부터 폭락이 연출되면서 금세 75일선까지 내려오게 됩니다.

이제는 상승추세가 유지된다는 전제하에 매수 진입을 시도할만합니다.

첫 번째 동그라미 친 부분에서 보듯 75일선을 약간 이탈하는 일시적인 하락이 있긴 하지만, 오히려 이때 매수를 했더라면 그 이후의 어떤 시점에서라도 수익률은 플러스인 상태가 되었을 것입니다.

주가가 조정을 받는 중이라고 무작정 단기이평선상에서 매수를 시작했더라면 높은 가격 때문에 이후의 상승추세 속에서도 수익률이 마이너스인 상태가 나올 수 있습니다. 그러므로 빠른 수익전환을 위해서도 충분히 낮은 가격을 노려야 하는 것이고, 그 시점은 되도록 60일선 이후를 생각하라는 것입니다.

C 지점 이후에 주가는 크고 작은 물결을 반복하며 여러 이평선상에서 반등을 하고 있습니다. 중요한 것은 동그라미 친 부분에서 보듯이 어찌 됐든 75일선에 왔을 때는 100% 반등을 하고 있다는 것이지요. 견조한 상승추세 속의 60일선 내지 75일선은 이렇듯 가장 믿을만한 첫 번째 반등시점이 됩니다.

여기까지는 주가의 상승추세에 대해서 이야기했습니다. 추세는 보통 방향을 바꾸기까지 1년 이상의 오랜 시간이 걸리지만, 한편 언젠가는 추세의 전환을 맞이하는 시점은 존재하기 마련입니다.

다음은 동일종목의 이후 주가 움직임을 보여줍니다.

12월부터 지속적인 하락으로 이제는 이평선도 변곡점을 지나 아래로 흘러내리기 시작합니다. 파란 화살표에서 보듯이 주가는 75일선의 이평선을 뚫지 못하고 재차 하락하는 모습을 보여줍니다.

앞선 단원의 상승추세 편에서 일봉상 주가가 하락추세인 것처럼 보여도 주봉이나 월봉처럼, 좀 더 긴 기간을 두고 살펴보면 장기이평선을 딛고 반등하여 여전히 상승추세를 이어나가는 경우가 있다고 하였습니다.

그리하여 물음표 지점인 현시점에서 이 종목을 계속 투자할 가치가 있는지에 살펴보기 위해 주봉을 열어보았습니다.

이전 그래프의 마지막 물음표 부분을 네모난 박스로 표시해 놓았습니다. 주봉상의 150주라는 장기이평선을 정확히 딛고 반등하는 모습을 보여줍니다. 아직까지 상승추세는 유효하다는 판단에 희망을 주고 있습니다.

그런데 이후에 몇 개월 동안은 조금씩 상승하던 주가가 결국에는 위에서 대기하고 있던 이평선들을 뚫지 못하고 재차 하락하여 이제는 완연한 하락추세라는 확신을 주게 됩니다. 결국 이 종목은 상승하려고 할 때마다 이평선의 저항을 받아 추세전환을 하지 못한 채 2012년 이후부터 1년이 훌쩍 넘는 기간 동안 하락추세가 지속되고 있었던 것입니다.

우리는 이번 사례를 통해 한 종목이 상승추세에서 하락추세로 넘어가는 모든 과정을 살펴보았습니다. 이제까지는 매번 상승추세를 전제로 이평선 반등을 확인해 왔다면, 이번에는 하락추세로의 전환과정까지 살펴보면서 항상 여러 가능성을 놓고 신중한 선택을 해야 함을 강조하고 싶습니다.

매도
타이밍

Don't lose this
opportunity now

빠른
수익
확보

　　　　　　　이 책에서는 주로 매수 타이밍에 대해서 집
중적으로 살펴보고 있습니다. 주식에서는 매수보다 매도가 더 어렵다
는 말도 있고, 매도 타이밍의 중요성에 대해서만 집중적으로 언급하는
책들도 많습니다.

　매도 타이밍의 중요성을 강조하는 것은 최대한의 수익을 확보하기 위
한 전략이라고 볼 수 있습니다. 하지만 필자의 투자성향은 최대의 수익이
아니라 최단시간 내의 수익확보를 목적으로 하기 때문에, 설령 1%가 안 되는
조금의 수익이라도 짧은 시간 내에 거둘 수 있다면 그것으로 충분합니다.

　운(?) 좋게도 이미 수익을 확정할 수 있음에도, 그 이상의 수익을 얻
기 위해 신경을 쓰다 보면 주식시장에서 가장 경계해야 될 욕심이 개입
되는 출발점이 될 수도 있기 때문입니다.

　대부분의 투자자들이 손실을 입으며 주식시장을 떠나는 마당에 더
높은 수익을 거두지 못했다고 아쉬워하는 것은 과도한 욕심과 무리한
투자로 이어질 수 있습니다.

최대의 수익보다 빠른 수익을 원하는 것은 빠른 템포의 흥미있는 투자로 이어집니다. 시장이라는 큰 바다에서 그물에 걸린 고기를 빨리빨리 건져 올려야 직접 눈으로 보고 느끼는 행복감이 더해집니다.

새로운 것에 대한 호기심과 갈망은 인간의 본능 가운데 하나라고 합니다. 마치 택배를 주문하고 박스를 풀어헤치는 순간 정점을 찍다가 이후로 관심이 점점 줄어드는 현상처럼, 물건 자체의 본질적인 가치보다는 사람의 마인드에 대한 문제라고 봅니다. 이 책이 주로 단기투자를 목적으로 하다 보니, 짧은 매매를 주로 하는 투자자들에게는 대충 공감이 가지 않을까 생각해 봅니다.

대부분의 투자자들은 장이 열리는 날마다 오늘은 어떤 새로운 종목이 내 그물 안으로 들어올까 하는 기대로 하루하루가 기다려지는 경우를 경험해 보았을 것입니다. 이것이 가능한 이유는 그날그날 일정한 수익실현을 통해 눈에 보이는 성과물을 얻게 되면 지속적인 동기부여가 되면서 관심도가 늘어남을 의미합니다.

이런 흥미로운 경험을 가능하게 하려면 큰 수익보다는 짧은 수익이라도 감사히 여기고 빠른 매도 타이밍을 통해 수익을 확보하는 것이 중요하다는 것을 강조합니다. 또한 이런 방식은 현금 확보를 위해서도 상당히 중요한데, 기존종목의 처분을 통해 새로운 종목에 투자할 수 있게 하는 여력을 만들어 준다는 데 있습니다.

하지만 우리는 사람인지라 여전히 많은 수익에 대한 미련을 가질 수는 있습니다. 그렇다면 일찍이 일부 물량만의 정리를 통해 수익을 확정 짓고, 나머지 물량으로 추가 수익을 거두는 분할매도 전략 또한 나쁘지 않습니다.

실전
CASE #1

　　　　　그렇다면 목표수익률을 얼마로 정하고 투자에 임할까요. 딱히 목표로 하는 수익률을 정하지는 않습니다. 한편 앞서 빠른 수익을 목표로 한다고 했는데, 그렇다고 무작정 수익전환이 되면 만족하고 바로 수익을 확정 짓자는 이야기도 아닙니다. 왜냐하면 여기에도 일정한 기술적 분석의 틀은 여전히 존재하기 때문입니다

　이 책에서 다루는 매도 타이밍은 매우 간단합니다.

　수많은 분석의 툴을 필요로 하지도 않고, 어렵지도 않으며, 내용도 많지 않습니다. 어차피 매수 타이밍만 잘 잡고, 빠른 수익전환만 이루어 낼 수 있다면 그다음의 행복한 고민은 각자의 판단에 맡겨도 숙제를 다한 것이라 생각합니다. 이제 그 대단한(?) 기법을 공개하자면 이제까지 수도 없이 이야기하며 강조한 지지저항의 개념, 그중에서도 이평선을 활용하는 것입니다.

　이미 앞선 내용에서 해법은 거의 다 나왔습니다. 매수 타이밍을 잡을 때는 밑에서 받치고 있는 이평선에 접할 때를 포인트로 잡자고 했는

데 매도 타이밍은 반대로 생각하면 됩니다. 위에 버티고 있는 이평선에 접할 때를 포인트로 잡으면 된다는 것이죠. 매우 간단하고 쉽게 이해할 수 있는 내용입니다.

다음 그래프를 보며 매도 타이밍에 대해 좀 더 심도 있는 분석을 해 보겠습니다.

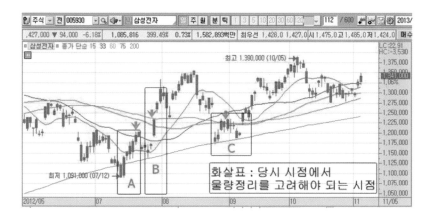

A, B, C 지점의 각 화살표 부분은 해당 시점이 그래프의 마지막 지점 이었을 때, 즉 당시의 현재 시점이라고 했을 때, 매도를 고려해야 되는 지점입니다.

A 지점

200일선의 일시적인 이탈 후 반등에 성공한 모습입니다. 이제 어디까지 상승 하느냐의 문제가 남아있는데 바로 위에 있던 15일선은 가뿐히 넘어섰습니다. 15일선 부근에서 이미 손익분기를 넘어섰다면 일부 물량을 정리할 수도 있는 문제입니다. 그다음 저항선은 파란색 33일선인데 약간 올라서는 듯하더니 또 다시 200일선까지 추락합니다. 결국 단기적인 관점이라면 33일선 부근에서

만족하고 전량 정리하는 것이 현명한 판단이었습니다.

B 지점

200일선을 터치한 주가가 재반등합니다. 그 과정에서 15일선과 33일선은 눈 깜짝할 사이에 돌파하고 최후의 75일선까지 돌파하면서 한동안 급등세를 이어나갑니다. 결과적으로는 큰 상승을 해주었지만, 33일선에 접근하는 날 혹은 75일선에 접근하는 날에는 일부 물량을 정리하는 것이 당시로써는 중용을 지키는 판단이었을 것입니다. 왜냐하면 A 지점에서 보듯이 언제든 이평선이라는 저항을 맞고 도로아마타불이 될 수도 있기 때문입니다.

실제로 매도권장 시점 이후에도 더 큰 상승으로 많은 수익이 날 수 있었습니다만, 최고점에 이른 주가가 불과 보름도 안 되는 사이에 다시 200일선까지 재하락했음을 다음 C 지점을 보면 확인할 수 있습니다.

결국 최고점에서 팔지 못할 바에야 어느 시점이 되었든 더 큰 수익에 대한 미련은 남을 수밖에 없습니다. 반등 직후의 수익에 만족하고 시간이라는 기회비용을 아끼는 것이 오랜 보유 이후의 도로아미타불보다는 훨씬 나을 것입니다.

C 지점

200일선에 근접하는 매수포인트가 두 군데 있습니다. 첫 번째 포인트 이후 반등한 주가는 60일선과 75일선이 겹쳐진 이평선을 뚫지 못하고 재차 하락하여 두 번째 포인트인 200일선 코앞까지 떨어집니다. 역시 주가보다 위에 있는 이평선은 저항의 역할을 하기 때문에 그 시점이 매도시점이라는 것을 재확인시켜주고 있습니다.

B 지점의 경우처럼 이평선을 뚫고 더 큰 상승으로 수익을 극대화할 수도 있지만, 당시로써는 어디까지나 가능성일 뿐이므로 상당부분 이익 실현하는 것이 현명했을 것입니다.

한편, 저항을 맞고 재차 200일선까지 떨어진 주가는 숨돌릴 틈 없이 중간과정의 이평선을 모두 뚫어내는 기염을 토하며 상승추세의 기세를 계속 이어나가고 있습니다. 결국 첫 번째와 두 번째의 200일선 반등포인트에서 저항을 뚫어내는 반등이 나오느냐에 따라 주가의 움직임이 달라지는 예를 보여주고 있습니다.

이런 식의 주가 움직임이라면 첫 번째 반등 후 매도를 통해 수익을 확정하고, 재차 하락 시 이평선 반등을 노리고 다시 들어갈 수 있습니다. 출발과 도착지점이 같더라도 2번의 매매를 통해 2배의 수익을 거둘 수 있게 되는 셈입니다. 더 큰 폭등에 대한 과도한 기대감을 버리고 보수적인 관점에서 짧은 매매를 통해 수익을 확정하는 것을 강조하는 것도 바로 이런 이유라고 볼 수 있습니다.

실전
CASE #2

　　복습의 의미로 종목 하나를 더 살펴보겠습니다. 이 종목은 앞선 단원에서 살펴본 삼성중공업 2011년 2월과 3월의 움직임입니다.

　일봉과 이평선의 얽혀있는 모습을 희로애락이라고 감정이입하여 일봉 하나하나를 정밀하게 분석했던 내용이 있습니다.

이제 좀 더 넓은 시야에서 매도 타이밍을 중점적으로 살펴봅시다.

이미 한 번 다룬 차트이고 앞서 매도케이스와 비슷한 내용도 있으므로 가벼운 마음으로 한 번 복습해 보겠습니다.

견조하게 상승하던 주가가 45,000원을 찍더니 급격히 하락하여 150일선까지 직행한 모습입니다. 중간에 버티고 있던 75일선에서 잠시 고민하는 듯하지만, 결국 이탈하면서 음봉 두 개로 단 이틀 만에 150일선까지 왔습니다. 마침 32,500원이라는 비교적 깔끔한 가격에서 150일선 지지가 나왔다는 점에서 다시 한 번 매수포인트의 정석을 되새겨 볼 만합니다.

이후 단 두 개의 양봉으로 이틀 만에 75일선까지 터치하는 반등이 나온 시점에서 물음표로 표시한 것은 결국 매도를 고려해야 되는 시점이라는 뜻입니다. 이유는 75일선이라는 저항선이 주가상승을 막을 수도 있다는 것은 이제 긴 설명이 필요 없을 것입니다.

이후의 양상을 다음 그래프를 통해 알아보도록 합시다.

이전 차트의 마지막 부분이 1번이라고 표시된 부분이라면, 2번 지점은 주가가 재하락 이후 150일선에서 반등하여 또다시 상승하는 시점을 나타냅니다.

결과적으로 1번 지점의 75일선에서 매도한 것이 잘한 선택이라면, 2번 지점에서는 75일선 이상의 모든 이평선을 뚫는 움직임이 나왔으므로 좀 더 지켜볼 수도 있는 큰 반등이 나왔습니다.

결국 앞선 케이스와 비슷한 움직임인데, 첫 번째 반등에서는 이평선을 완전히 뚫지 못하고 재하락하였고, 두 번째 반등에서는 모든 이평선을 뚫어내면서 기존의 상승추세를 확인시켜주는 움직임을 보이고 있습니다.

주가가 어디까지 정확히 반등할지는 예견할 수 없습니다.

최고의 수익을 얻는 타이밍이 아니라 수익 마감할 수 있는 기준을 세우기 위해 이평선이라는 지지저항을 이용한 것일 뿐, 주가는 매도 후에도 추가상승을 할 수는 있습니다. 더 높은 수익을 얻지 못했다고 아쉬워한다면 결코 언제가 되어도 만족할 수 없습니다.

하지만 분명한 것은 주가가 충분히 조정을 받아 장기이평선에 접한 낮은 가격에 사고, 반등 시 위쪽 이평선에 걸칠 때 판다면 수익 마감한다는 사실입니다.

이처럼 상승추세의 종목은 중간과정에서 잠시 쉬어가는 시기가 있고, 당시의 짧은 시점만 보기에는 추세가 꼬인 것 같지만, 지속적인 장기이평선 반등으로 결국 기존의 상승추세를 이어나간다는 점이 투자의 안전성을 보장해 줍니다.

PART

6

실패사례

This is
the opportunity

CASE #1
(코스닥, 테마주, 저가주)

　　　　　미리 말하지만, 코스닥, 테마주, 저가주에 대한 일반적인 이야기는 아닙니다. 어디까지나 상대적인 이야기임을 감안하고, 해당 카테고리에는 이런 가능성이 존재한다는 것 정도로 이해하면 됩니다.

　개인들이 실패하는 큰 이유 중의 하나는 종목선택에서부터 시작됩니다. 그중에서 코스닥 종목이나 테마주의 경우, 뭔가 호재가 있다면, 급등이나 상한가를 기록하는 것을 보고 본인도 동참할 수 있을 거라 생각을 합니다.

　대부분의 종목들은 장중 변동폭이 제한적인데 비해, 이런 종목들은 하루에도 변동성이 매우 크다 보니, 기회만 잘 잡으면 하루아침에 큰 수익을 얻을 수 있다는 매력이 개인투자자들을 부나방처럼 불길에 동참하게 합니다.

다시 말해, 뉴스나 리포트에 민감하고, 개인들의 심리에 큰 영향을 받으며, 세력의 작전에 노출될 수 있는 종목들이 바로 코스닥 종목의 테마주라는 것입니다. 상승 초입에 잘만 잡으면 될 것 같지만, 실제로 그렇게 쉽지는 않습니다. 왜냐하면 개인들이 격한 관심을 가지게 되는 시점에서는 재료가 노출된 시점이라 더 이상의 추가상승이 힘들거나, 거품이 꺼진 후 하락할 때는 미처 손쓸 틈 없이 폭락하여 오히려 마이너스를 떠안게 될 가능성이 큽니다.

또한 개인들이나 초보자들의 경우 저가주를 선호하는 경향이 있다 보니, 든든한 기관투자나 큰 손들이 완충 역할을 할 겨를도 없이, 심리적인 공황이나 흥분으로 급등락이 연출된다는 점도 저가주를 경계해야 되는 이유입니다.

또 다른 결정적인 이유는 쉽게 휩쓸리는 급등락이 있다 보니 기술적 분석이 잘 통하지 않는다는 점입니다. 평온한 상태이거나, 웬만한 리포트에도 영향이 제한적인 종목들은 기술적 분석에 따라 지지저항을 비교적 정확히 지켜주는 것과 확연히 다른 경우라 할 수 있겠습니다.

아무리 100%가 없는 주식시장이라지만 어느 정도의 통계적 확률을 바탕으로 기술적 분석을 통해 매수매도 시점을 잡는 것도 주식투자의 한 가지 묘미입니다.

이런 종목들이 과연 이런 묘미를 느끼게 해 줄지, 혹은 묻지 마 복불복이 될지는 결코 장담할 수 없습니다.

다음 차트를 통해 실전 예를 살펴봅시다.

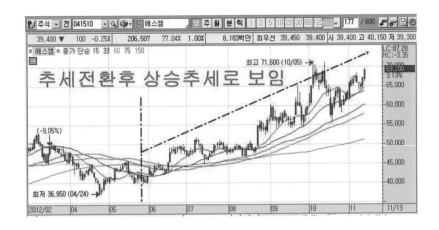

위의 그래프는 에스엠이라는 종목이 2012년 5월까지는 별다른 흐름
이 없다가 6월부터 상승추세로 전환되어 좋은 흐름을 이어가고 있는 것
으로 보입니다. 6개월 정도의 기간이라 아직 완전한 상승추세라고 확신
하기에는 조금은 부족해 보입니다.

에스엠이라는 종목은 대형주로 분류되기는 하지만, 여전히 주가의 변
동성이 비교적 큰 코스닥 종목이면서 관련 기사나 소문도 많은 테마주
에 속합니다.

군이 기본적인 분석을 하지 않더라도 우리나라 연예계의 3대 기획사
라는 점과 한류스타들을 배출하면서 집중적인 조명을 받고 있다는 점
정도로도 많은 이들의 관심 속에 주가는 급등락을 할 수 있음을 예상
할 수 있습니다.

다음 그래프를 통해 이후의 움직임을 제시합니다.

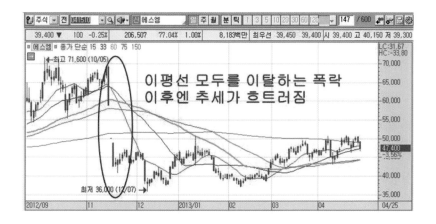

이평선 모두를 이탈하는 폭락
이후엔 추세가 흐트러짐

승승장구하던 주가가 기대에 부응하지 못하는 실적을 언급하는 리포트가 나오자 불과 3일 만에 반토막이 납니다.

리포트가 부정적이어서, 주가에 좋지 않은 영향을 끼치는 것은 사실이지만, 타 종목의 비슷한 경우와 비교해 볼 때 3일 만에 50%의 폭락이 나올 만큼 심각한 악재일지는 의문이 듭니다.

아니면 세력의 작전으로 급등락을 유도했다거나, 과도한 기대감으로 거품이 끼어서 원래의 주가로 찾아가는 과정이라고 할 수 있을지에 대한 판단은 보류하겠습니다.

다만, 어느 경우가 되었든 이 정도의 급등락이면 단순한 악재에 민감하게 반응하는 코스닥 테마주의 성격이 그대로 반영된 결과라고 볼 수 있습니다.

과연 기업의 진정한 가치를 반영하는 정상적인 주가의 흐름인지 의문이 듭니다.

문제는 비이성적인 급락 이후 상당히 의미 있는 반등이 나오면서 수익률이 회복되고 기존의 상승추세를 이어 나가는 움직임이 나와야 하는데, 그래프에서 보듯이 폭락 후 이평선들이 역배열로 전환되면서 추세 자체가 흐트러져 버렸습니다.

 기존의 승승장구하던 시점에서 매수했던 대부분의 투자자들은 50%의 폭락으로 적어도 몇십 퍼센트의 손실이 난 계좌를 몇 개월 동안 지켜보아야 한다는 점은 속전속결의 수익을 원칙으로 하는 효율성에서 상당히 어긋납니다.

.

CASE #2
(준상승추세)

상승추세를 판단하는 기준은 최소 6개월 이상의 기간에 이평선 정배열의 깔끔한 차트라고 했습니다.

이것이 중요한 이유는 조정기간을 거쳐 이평선 지지라는 매수 타이밍이 왔을 때 더 이상 이탈하지 않고, 정석적인 반등을 해주느냐의 통계적인 확률문제 때문입니다. 즉, 충분한 기간이 설정된 상태에서 차트의 모양이 깨끗하고 직선형의 완만한 우상향, 그리고 이제까지 잘 지켜온 이평선 반등이 수많은 데이터로 뒷받침된다면 해당 종목은 기술적 분석상의 반등시점을 잘 지켜줄 확률이 높다는 것입니다.

종목검색을 하다 보면 대기업의 우량종목에 속하고 현재 실적이나 뉴스 모든 면에서 별다른 악재 없이 건실한 종목들이 많습니다. 따라서 그냥 지나치기는 아쉽지만, 차트의 흐름이 어중간한 상승추세라 투자하기 애매한 경우가 있습니다.

꿩 대신 닭이라고 현금이 충분한 상태에서 마땅히 좋은 종목을 찾기 힘든 상황이라면 이런 종목들도 눈이 가기 마련입니다.

문제는 어설픈 추세를 믿고 들어갔다가는 낭패할 수 있는 경우가 많으니 주의가 필요하다는 것인데, 다음 차트를 통해 실전 예를 살펴보겠습니다.

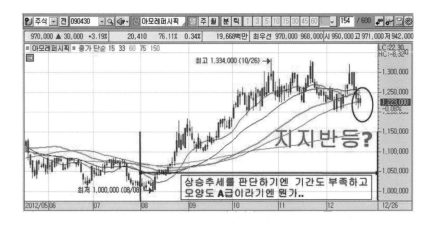

추세가 완전히 상승추세로 전환되었다고 판단되는 8월부터 12월이면 5개월 정도 되는데, 기간도 짧고 일봉이나 이평선도 그리 곱지만은 않습니다. 따라서 가장 최우선의 종목은 아니지만, 차선책에 해당하는 종목으로 보고 투자를 감행하는 것으로 하겠습니다.

간단히 분석해 보자면, 주가는 8월 이후의 상당한 상승 이후, 10월부터는 지지부진하며 쉬어가는 모습을 보이고 있습니다. 이 종목이 견조한 상승세에 대한 확신을 주려면 마지막 75일선에 이르렀을 때 힘찬 반등으로 이평선과 일봉 차트 자체를 우상향으로 만들어주어야 합니다.

한편 10월부터 시작된 횡보 구간을 거치면서 이평선이 점점 하나로 가까워지고 있기 때문에 조만간 주가의 방향성을 결정짓는 움직임이 나오지 않을까 기대할 수 있습니다. 즉, 상승추세의 지속에 대한 기대와 수렴발산의 형태가 나올 것이라는 확신을 가진다면, 마지막 시점을 75일선 반등으로 잡고 매수 타이밍으로도 볼 수 있는 문제입니다.

여기까지가 1차 계획이라면, 예상과 다르게 갔을 때의 2차적인 계획도 생각해 놓아야 합니다. 즉, 75일선 반등에 실패했을 경우, 다음 장기 이평선까지 떨어졌을 때 추가매수를 할 것인가의 여부, 한다면 자금배분을 어떻게 할 것인가의 계획도 미리 생각해 놓아야 할 것입니다.

이제 이후의 차트 전개 양상을 살펴봅시다.

이평선이 수렴하는 것까지는 좋았는데 아쉽게도 기존의 상승추세를 이어가지 못하고 하락추세로 이탈해버리고 말았습니다.

또한, 다음 장기이평선들마저 모두 이탈해 버리면서 이제는 하락추세의 전환에 확신을 줄 만큼 몇 개월에 걸친 지지부진함을 보여주고 있습니다.

이렇게 하락추세의 과정 중에는 3월에 보듯이 재기를 노리고 상승을 하려고 할 때마다 이미 역배열되어 버린 이평선들이 이제는 저항선 역할을 하며 더 이상의 상승을 방해하게 됩니다.

주가는 언제나 최대 장기이평선까지 올 수 있는 큰 폭의 하락을 할 수 도 있고, 심지어 마지막 장기이평선도 잠깐 이탈한 후, 보란 듯이 반등을 통해 제자리를 찾아갈 수 있습니다.

　중요한 것은 큰 폭락 이후에도 의미 있는 반등으로 기존의 상승추세를 이어나갈 수 있는 전체적인 그림이 완성되어야 한다는 점입니다. 그럴 수만 있다면 상승추세라는 큰 틀 속에서의 하락은 이보 전진을 위한 일보 후퇴의 시점으로 삼아 오히려 저가매수의 기회로 활용할 수 있게 됩니다.

　하지만 그렇지 못한 경우라면 이야기는 달라집니다.

　여기서는 150일선 이탈 이후 200일선까지도 기다리고, 200일선을 이탈하더라도 일시적인 이탈로 간주하고 주식시장의 단순한 심리적인 공황상태를 의심하며, 반등을 기대할 수도 있습니다. 하지만 그러다 보면 이미 주가는 **빠질** 대로 **빠져있고**, 이평선들은 서서히 변곡점을 지나 하락추세로 자리를 잡아갑니다.

　장기이평선을 이탈한 이후에도 희망을 버리지 못하는 것은 백만 원이라는 절체절명의 상징적인 가격대를 만나며, 반등의 기회를 노리는 듯 실제로 상당기간 횡보하면서 꿈틀대고 있었다는 점입니다. 아직까지 희망의 끈을 놓지 않고 끝내 손절하지 못하는 이유를 만들어 내는 것이죠. 하지만 그러한 기대감도 오래가지 못해 주가는 한 단계 또 추락해 버립니다.

　그 사이 이제는 5개월이라는 짧지 않은 기간 동안 하락추세라고 볼 수 있을 만큼 이평선이 역배열로 우하향 되어 있고, 주가의 상승을 방해하는 저항선 역할을 하고 있음을 깨닫게 됩니다. 이렇게 되면 이제는 마이너스를 떠안은 채 기약 없는 기다림의 미학을 실천할 수밖에 없게 됩니다.

설령 시간이 지나 주가가 2백만 원을 돌파한다고 하더라도, 현재로서는 예상 시나리오를 모두 벗어나는 이탈로 5개월 이상의 시간을 끌었다는 점만으로도 단기투자의 관점에선 성공한 투자라고 볼 수는 없습니다.

CASE #3
(불가항력)

　　　　　　　　　이전의 실패 케이스에서는 완벽한 상승추세
라고 보기엔 다소 부족한 종목들을 예로 들었기 때문에 보다 안전한
투자를 위해서는 최고의 조건을 갖춘 A급 종목을 찾아야 한다고 생각
할 수 있습니다.

　이번에는 완벽하다고 보이는 가장 좋은 상승추세의 종목을 예로 들
어보겠습니다.

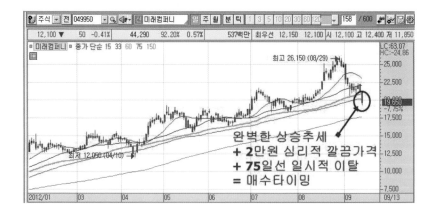

차트 이전의 2011년 10월부터 본격적인 상승추세가 시작되었으니 최소 6개월이라 언급한 상승추세의 최소판단 기준을 충족하는 신뢰할만한 기간입니다. 그래프의 모양도 크게 들쭉날쭉 급등락이 없어 안정된 모양을 하고 있으며, 이평선 또한 완만하게 정배열을 하고 있기에 이 정도라면 주저 없이 투자할 수 있는 종목입니다.

이제는 빠른 수익을 줄 수 있는 정밀한 매수 타이밍을 찾는 일만 남았습니다. 일단 차트를 분석해보니 대부분 15일선이나 33일선에서 반등을 하거나, 못한다고 해도 60일선 내지는 75일선에서 예외 없이 반등을 해 왔습니다. 그러다가 8월 이후 급등을 하고 조정을 거치면서 마지막 동그라미 부분에 이르러 완벽하다고 생각되는 매수 타이밍을 주고 있습니다. 이유는 견조한 상승추세 + 75일선 + 2만 원이라는 깔끔한 심리적 저항선이 그것입니다.

다만, 정확히 75일선 2만 원을 터치하면서 반등하는 것이 아니라, 다소 이탈된 상태라 추가하락으로 완전한 이탈이 될지, 아니면 일시적인 이탈로서 반등에 성공할지에 대한 리스크는 생각해 놓아야 합니다. 따라서 이전 케이스에서 살펴본 바와 같이 75일선에서 완전한 반등을 하지 못한다면 어떻게 할지에 대한 부분도 간과하지 말아야 할 것입니다.

그래프를 보면 다음 지지선인 150일선이 17,500원 정도에 포진해 있습니다. 지난 5~6월간 주가가 근처에서 맴돌면서 평행한 가격지지라인을 만들고 있는 점도 150일선 지지를 뒷받침하는 지표가 됩니다.

결국 과감한 베팅을 하려면 75일선 반등에 무게를 두고, 매수를 시작하되, 150일선에서 추가매수를 통해 단가를 낮춘다는 전략을 세울 수 있습니다. 한편 보수적인 투자자라면 150일선까지 기다렸다가 들어가

는 방법도 있습니다. 어떤 선택에 무게를 둬야 하는지는 개인의 투자성
향과 자금현황에 따라 달라질 수 있을 것입니다.

이제 이 부분을 염두에 두고 이후 전개되는 상황을 살펴봅시다.

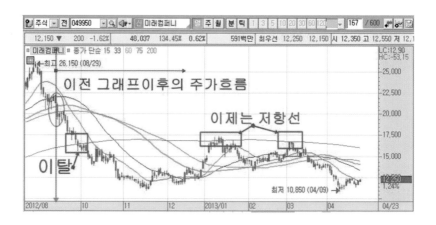

아쉽게도 지속적인 폭락으로 200일선까지 설정한 이평선을 모두 이
탈했으며, 이후에도 별다른 좋은 움직임 없이 지루한 바닥 횡보를 계속
하고 있습니다.

8월의 타원 부분이 위의 그래프 마지막 부분으로서, 매수 타이밍으
로 권장했던 부분입니다. 2~3일간 주가가 옆으로 횡보하면서 버티는
듯하더니, 결국엔 하락을 면치 못합니다.

문제는 추가 매수시점으로 이야기했던 150일선 17,500까지 완전히
이탈하였으며, 이후에 혹시나 해서 설정한 200일선마저도 가볍게 하락
통과 해버립니다. 이러는 와중에 결국 정배열이던 이평선들이 변곡점을
맞으며 우하향으로 돌아서게 됩니다.

여전히 상승추세를 유지한다고 볼 수 있으려면 빠른 시일 내에 의미
있는 반등이 나오면서, 우상향의 그래프를 보여줘야 하는데, 8개월 동

안 이평선 밑에서 횡보하며 추세는 완전히 꼬여버린 형상입니다.

중간 중간 단기이평선을 뚫는 상승을 하며 재기를 노리지만 결국 마지막 200일선을 넘지 못하고 추세전환은 좌절됩니다. 아직 상승추세가 살아있다고 하기에는 주가의 횡보하는 기간이 너무 길어 보입니다. 마찬가지로 마이너스 수익률인 상태로 시간을 오래 끌었기 때문에 단기투자의 성격상 실패한 케이스라고 볼 수 있습니다.

하지만 한 가지 짚고 넘어가는 것은, 이번 케이스의 경우는 기술적 분석만 따진다면 종목선택의 과정상 별문제가 없었다는 것입니다. 어차피 백퍼센트의 성공이 아니라면 어쩔 수 없이 마주할 수밖에 없는 불가항력적인 경우라고 변명 아닌 변명을 해야 할까요.

어떤 종목이 되었든, 추세는 상승과 하락을 번갈아 움직입니다. 한 사이클이 몇년 단위의 장기간이다 보니, 웬만한 투자시점에서는 해당 추세의 기세를 따라가게 되어 있습니다. 하지만 아쉽게도 추세전환의 타이밍은 분명 있게 마련입니다. 이번 사례의 경우, 투자시점에서는 상승추세였지만, 지나고 보니 추세전환의 시작점인 상투를 잡은 경우라 어떻게 보면 운이 없었다고 볼 수도 있겠습니다.

여기까지 실패사례를 살펴보면서 나름의 교훈을 정리해봅니다.

첫 번째, 코스닥 종목이면서 테마주, 저가주의 성격을 가진 종목은 위험할 수 있다.

두 번째, 좀 더 완벽한 조건을 충족시키는 상승추세의 종목을 찾아라.

세 번째, 완벽하게 보여도 항상 하락추세의 전환을 의심하고 냉정하게 바라보라.

포트의
운용

Don't lose this
opportunity now

분산
투자

이제까지 개별종목의 매수매도 타이밍에 대해 차트를 통한 기술적 분석을 공부했다면, 지금부터는 전반적인 포트폴리오의 운용에 대해 이야기해보겠습니다.

일단 주식에서의 포트폴리오란 일종의 주가편입 내역서를 말합니다. 여기서는 간단히 포트라고 명칭 하겠습니다.

우선 올바른 분산투자에 대해 언급하고자 합니다. 우리는 한두 종목만 집중적으로 투자할 수도 있고, 다양한 종목에 분산시켜 많은 수의 종목을 가지고 있을 수도 있습니다.

흔히 '계란을 한 바구니에 담지 말라'는 말로 분산투자의 중요성을 이야기하기도 합니다. 여기서 중요한 것은 분산투자란 성격이 다른 종목을 섞어놓는다는 것입니다.

예를 들면 주식이나 부동산, 금, 은행 예금 등으로 위험도나 투자대상이 다른 곳에 나눠 담는 것이 현명한 분산투자의 정의에 충실할 것입니다.

주식 내에서만 따진다면 종목을 달리하면서 분산투자할 수도 있습니다. 가장 이상적인 것은 하락에 베팅하는 대주매매나 인버스 종목에 대한 병행투자입니다. 처음 나오는 용어라 생소하겠지만, 간단히 말해서 상승에 베팅하는 주식과 수익구조는 똑같지만, 하락에 베팅하는 것이죠.

천 원의 주가가 백 원으로 떨어졌다면 900원 수익이 난다는 개념인 것입니다. 상승 베팅하는 주식과 병행하면서 양방향의 수익을 낼 수도 있고, 혹은 한쪽 방향의 손해를 상계시킬 수 있는 보험의 개념이 되기 때문에 분산투자로서는 좋은 방법입니다.

만약, 대주나 인버스 투자가 생소하거나 번거롭다면 주식에서만 분산할 수도 있습니다. 다만, 업종과 성격을 달리하는 기업에 투자하라는 것이지요.

예를 들어 삼성중공업, 현대중공업, 대우조선해양 등의 조선업종 한 곳에만 투자하는 것은 굉장히 위험합니다. 개별종목의 호재가 있어 상이한 움직임이 있는 예외적인 경우를 제외하고는 대부분 업종의 분위기는 해당 카테고리의 모든 종목에 비슷한 영향을 주게 됩니다. 따라서 환율이나 유가의 영향을 상반되게 받는 기업들을 섞어주거나 통신, 제약, 건설주 등을 적당히 비중을 조절하여 한꺼번에 투자하는 것이 권장된다는 것입니다.

손 절

손절이란, 매수시점에서 주가가 하락했을 때, 더 이상의 손실을 막고자 매도를 통해 손실을 확정하고 완전히 종목에서 빠져나가는 것을 뜻합니다.

말은 쉽지만, 실전에서 마이너스를 확정하는 것이 어려운 결정이라 실행에 옮기지 못하는 경우가 많고, 결국 손해를 더 키우는 일이 많기 때문에 손절을 잘하는 사람이 주식에서 성공한다는 말이 있을 정도입니다.

하지만 필자의 생각은 조금 다릅니다. 손절은 어디까지나 명백한 손실 마감입니다. 손절만 아무리 잘해봐야 계속 손해만 늘어가는 것밖에 되지 않습니다.

손절의 의의를 부정한다기보다는 손절하지 않도록 애초부터 종목선정을 잘하는 것, 그리고 첫 매수시점에서 하락하더라도 계획적인 추가매수를 통해 단가를 낮추는 방법을 권유합니다.

추가
매수

　　　　　　　손절하지 않도록 종목선정을 잘하라는 것은
너무도 당연한 말 같지만, 이 부분은 앞에서 이야기한 종목선정의 법칙
을 잘만 지켜도 수익 마감의 확률은 굉장히 높아집니다.

　어디까지나 확률의 문제일 뿐이지, 본인의 첫 매수시점에서 바로 반
등이 나온다는 보장은 없습니다. 하락할 때마다 무턱대고 추가매수를
하는 것을 물타기라고 얘기하며 폄하하는 시선이 있기는 합니다. 이미
가망 없어 보이는 종목에 돈을 더 넣게 되면서 이성을 잃고 도박판에
뛰어든 부나방처럼 인간의 욕망을 표현하기도 합니다.

　하지만 계획적인 분할매수와 분할매도는 현명한 주식투자의 한 기법
이기도 합니다. 앞서 이야기한 이평선들이 주가 밑에서 차례로 받치고
있을 때, 이탈 시마다 다음 지지선을 설정하여 추가 매수하는 것은 단
가를 낮출 수 있는 분할매수의 좋은 기회가 됩니다.

　추가매수의 의의는 단가를 낮추는 것입니다. 주가가 조정을 마친 후
반등하는 타이밍이 나올 때 수익전환이 되어야 하기 때문입니다. 결국,

마이너스인 상태에서 손해를 확정하는 손절을 피하기 위해서는 수익전환이 필요하고, 이를 위해서는 단가를 낮추어야 한다는 것이지요.

돈이 무진장 많다면야 떨어질 때마다 지속적인 추가매수를 통해 단가를 낮출 수 있습니다만 개인의 자금 여력은 한정되어 있습니다. 또한, 추가매수를 하면 할수록 단가 낮추기의 효과는 미비해집니다.

처음 100만 원 투입 후 하락하여 100만 원 추가 매수하여 단가를 낮췄습니다. 또다시 하락으로 동일한 정도의 단가를 낮추려면 이제는 200만 원이 필요합니다.

다시 말해 시간이 갈수록 만족할만한 단가 낮추기를 위해 추가로 투입되는 금액이 기하급수적으로 늘어난다는 것이죠. 따라서 매번 일일이 계산할 수는 없어도, 분할매수를 감안한 첫 매수시점에서는 자신이 생각하는 것보다 훨씬 적은 금액으로 시작해야 합니다.

적은 금액이 들어가야 하는 이유는 다른 종목과의 분산투자를 위해서도 중요합니다. 종목을 검색하다 보면 굉장히 좋은 상승추세에서 매수 타이밍에 이른 종목들이 상당수 눈에 띄게 되는데, 이런 종목들도 함께 편입하기 위해서는 여유자금을 항상 확보해 놓아야 합니다.

기존의 손해인 상태의 한 종목을 되살리기 위해 추가매수를 하면 할수록 소진되는 금액이 커지게 되는데, 결국 자금의 부족으로 타 종목은 포기해야 됩니다.

또한, 타 종목이 편입되어 수익이 난다면 그 수익으로 기존 종목의 손해를 메꾸어 줄 수도 있기 때문에 보험의 개념에 충실한 분산투자가 될 수 있는 것입니다.

다음 예를 통해 추가매수의 구체적인 타이밍을 살펴보겠습니다.

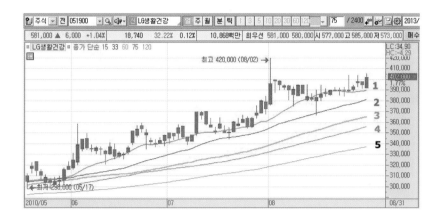

그래프의 마지막이 현재 시점이라면 매수 타이밍을 어떻게 잡을지 생각해봅시다. 앞서 충분히 다루었던 이평선에 의한 지지와 저항을 생각해보면 어렵지는 않습니다.

이전 패턴을 보니 15일선이나 33일선 반등도 줄곧 나왔기 때문에 해당 이평선을 추가매수의 타이밍으로 잡을 수도 있습니다. 혹은 좀 더 높은 확률을 위해 3번째인 60일선과 4번째인 75일선 정도까지는 기다릴 수도 있습니다.

어떤 경우가 되었던, 처음 매수시점 이후부터 하락 시마다 2→3→4→5식으로 추가매수를 염두에 둘 수 있습니다. 참고로 35만 원은 5만 원 단위의 깔끔한 심리적인 지지선으로도 볼 수 있고, 35만 원에 평행한 수평선을 그어보니 가격지지도 기대할 수 있어 보입니다.

바로 이후의 그래프를 살펴보겠습니다.

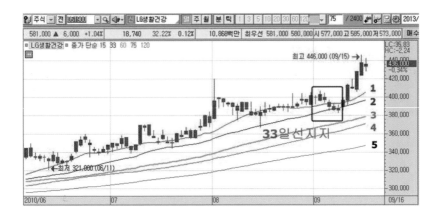

네모박스가 첫 번째 그래프의 직후 모습입니다.

33일선 지지를 보이며 반등에 성공한 모습입니다. 33일선부터 매수를 시작하여 하락 시마다 추가매수를 염두해 두고 진입한 투자자는 호재를 부를 일이고, 좀 더 기다렸다 들어가려는 투자자에게는 아쉽게 되었습니다. 그러나 다음을 기약할 수 있는 기회는 충분히 많습니다.

네모박스 이후의 힘찬 반등을 보면서 아쉽지만 다음 기회를 노린다면 어떤 전략을 짜야 할까요. 여전히 해법은 같습니다. 번호순서대로 차례로 매수 및 분할매수 계획을 세우는 것이겠지요. 다만 첫 번째 관문은 언제 첫 삽을 뜰 것이냐의 문제입니다.

첫 번째 반등과 다른 점은 이번엔 급등 후의 조정구간을 노린다는 것입니다. 즉 첫 번째는 평탄한 지형에서 잔잔한 물결의 조정이라면 이번엔 급등으로 이격이 커진 상태에서 매수 타이밍을 잡는 것입니다.

이전 단원에서 공부한 내용을 돌이켜보면, 급등할수록 그만큼의 깊은 조정을 예상할 수 있다고 했습니다. 그렇다면 적어도 60일선인 3번 이후부터 순차적으로 분할매수를 고려할 수 있습니다.

다음은 이후의 전개양상입니다.

9월의 최고점이라고 표시된 지점이 이전 그래프의 마지막 부분입니다. 9월의 급등 이전에는 33일선에서 곧잘 반등해주던 주가가 급등 이후 120일선까지 조정을 받으며 중간과정의 이평선을 모두 이탈한 것을 확인할 수 있습니다.

이런 경우에는 첫 번째 매수시점을 늦게 잡을수록 유리하므로 적어도 60일선 내지는 75일선까지 기다린 후 진입을 하고, 추가하락으로 장기이평선까지 갔을 때를 추가매수의 시점으로 잡으면 됩니다.

이번 그래프상에서는 120일선을 마지막 장기이평선으로 설정하였지만, 만약 120일선도 이탈한다면 150일선, 200일선을 추가로 설정하여 해당 시점에서의 추가매수를 고려할 수도 있습니다.

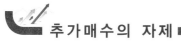
추가매수의 자제

이제까지의 내용을 복습해보면, 여러 이평선을 방어선으로 두고, 떨어질 때마다 다음 이평선에서 추가매수를 한다고 했습니다. 또한 일시적 기만을 소개하면서 주가가 이평선에서 정확히 터치하고 반등한다는 보장이 없으므로 조금 이탈하더라도 여전히 추가 매수할 수 있다고 했습니다.

이 이야기를 꺼낸 이유는 앞에서 매수 타이밍에 대한 소개 중 60일선 내지 75일선에서 반등을 중점적으로 노리라고 한 것과 연관됩니다.

관건은 이평선 사이의 간격입니다. 중장기이평선인 60일선과 75일선은 간격이 좁아 거의 가까이 붙어서 움직입니다. 이 움직임을 추가매수 타이밍과 연관 지어 보겠습니다.

일단 60일선에 접할 때 첫 매수를 시작했다고 가정합니다. 이후 60일선을 약간 이탈하는 움직임이 나올 때라면, 바로 밑에 있던 75일선 약간 위에 있거나 터치된 상태가 됩니다. 결국 60일선을 약간 이탈한 것이자 75일선에 접한 타이밍이므로 추가매수의 조건을 충족시킵니다. 또한 이후 75일선을 약간 이탈했을 때도 좀 더 추가 매수할 수 있습니다.

문제는 75일선 이후의 이평선이 최소 120일선부터 150일선, 200일선 등 장기로 넘어가다 보니 두 이평선 사이의 간격은 상당히 크게 존재합니다.

주가는 마치 생각이 존재하는 생물처럼 이평선 부근에서는 용을 쓰다가(이 과정에서 이평선을 살짝 지나치는 일시적 이탈을 설명했지요.) 힘에 부친다고 생각되면 완전히 손을 놓아버립니다.

다시 말해 이평선 부근에서는 상당기간 횡보하다가도 일단 다음 이평선까지 떨어질 때는 무서운 속도로 하루 이틀 만에 떨어지기도 한다는 것이지요. 이런 속도라면 추가매수를 해야 되는 시점은 떨어지는 중간과정을 피하고 완전히 다음 장기이평선에 도달할 때까지 기다리는 것이 안전합니다.

  그렇다면 어디까지의 범위를 일시적 이탈로 보고 추가매수해야 하는
지, 혹은 완전히 이탈되어 매수를 자제해야 되는지는 의문이 남습니다.
  하지만 이는 비교적 쉽게 판단할 수 있습니다. 앞서 이야기했듯이 75
일선과 100일이 넘어가는 장기이평선까지의 간격은 상당히 멀기 때문
에 얼핏 보아도 중간과정에 애매하게 떠 있는 상태의 주가에서는 매수
하지 않는 것이 좋습니다.

  실전 그래프를 통해 좀 더 복습해 봅시다.

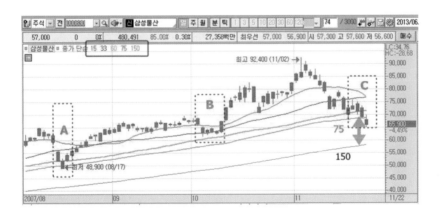

  여기서는 장기이평선을 150일선으로 설정하였고, 마지막 C지점에서
어떻게 대응해야 할지 생각해 보기로 합니다. 그 이전에 A, B 지점상의
주가와 이평선 사이의 움직임을 분석해보면서 추가매수의 타이밍에 대
해 좀 더 복습해 보도록 하겠습니다.

A 지점

결과적으로 녹색 75일선 약간 이탈한 지점에서 반등한 모습입니다. 이때에는 노란색 60일선 접하는 음봉에서 첫 매수를 시작할 수 있습니다. 다음 75일선과의 간격이 매우 좁기 때문에 중간의 여백가격대에서도 추가매수를 할 수 있고, 75일선에 접할 때도 추가매수를 할 수 있습니다.

추가로 75일선 약간 이탈한 지점인 최저가 반등시점까지도 추가매수는 가능합니다. 본인의 자금 사정에 따라 추가매수의 포인트와 회수를 조절할 수 있습니다.

B 지점

여기서는 파란색 33일선을 약간 이탈한 지점에서 반등이 나왔습니다. 권장하기로는 최소 60일선까지 기다렸다가 들어가는 것이 좀 더 안정적인 저가매수라고 이야기했지만, 33일선 반등이 나온 것은 어쩔 수 없이 내 운이 아닌 걸로 생각합니다. 물론 공격적인 성향이면서 자금이 풍부하다면 33일선부터 일찍이 매수를 시작할 수도 있습니다.

C 지점

녹색 75일선을 다소 벗어난 상태에서 어떤 결정을 내려야 할지 관건입니다. 그 이전의 며칠 동안은 60일선과 75일선 사이에서 횡보하였으므로 A 지점에서 설명하였듯이 60일선부터 조금씩 추가매수를 시작할 수도 있는 상황입니다. 그런데 마지막 음봉은 A 지점의 일시적 이탈과 비교해 볼 때 다소 많이 벗어나 있습니다.

75일선의 일시적 이탈 후 반등이라면 더없이 좋은 저가매수의 기회겠지만 판단하기 어려우므로 차라리 관망하는 선택이 현명해 보입니다.

여기서는 다음 지지선이 150일선인데 상당히 거리가 있습니다. 만약 75일선을 이탈한 것이라면 눈 깜짝할 사이에 150일선까지 떨어질 수 있음을 감안하고, 추가매수의 타이밍은 그때까지 기다리는 것을 고려합니다.

이제 다음 그래프를 통해 이후의 전개양상을 살펴보겠습니다.

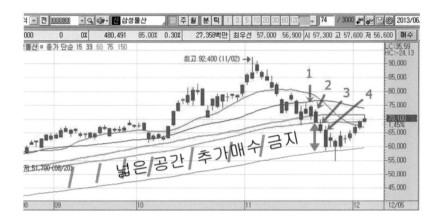

위 그래프의 3번이라고 표시된 부분이 이전 그래프의 마지막 부분이었습니다. 4번 음봉을 보다시피 불과 하루 만에 장대음봉이 나타나면서 150일선까지 추락한 모습입니다. 상당히 넓은 간극이었음에도 일단 이탈되었다고 판단되면 주가는 급락할 수 있음을 확인할 수 있습니다.

정리해 보겠습니다.

첫 매수 권장시점인 60일선과 75일선의 간격은 매우 좁기 때문에 60일선에서 시작하여 여백에 해당하는 가격을 포함, 75일선 약간 이탈시까지는 지속적으로 추가 매수할 수 있습니다. 이에 비해 75일선과 100일이 넘어가는 장기이평선 사이의 간격은 넓기 때문에 75일선 약간 이탈된 가격부터 다음 장기이평선까지의 여백가격대에서는 추가매수를 자제한다는 것입니다.

악성재고의
상계

　　　　　　본인이 투자한 종목이 대부분 수익으로 마감할수록 승률은 높아질 것입니다. 실제로 이 책에 나오는 기술적 분석만 충실히 따르면 수익 마감할 확률은 굉장히 높습니다. 하지만 승률은 어디까지나 개별종목의 비중을 모두 1로 보았을 때의 이야기입니다. 다시 말해 실제로 주식으로 발생하는 손익금액의 크기를 나타내는 지수는 아니라는 것이죠.

　故 박용하 씨 주연의 〈작전〉이라는 영화를 보면 김민정 씨가 하는 말 중 이런 대사가 있습니다. "이 바닥이 백번 천 번을 성공한다 해도 한 번 실패하면 끝장이다."라고 말이죠.

　즉, 99번의 수익 마감과 1번의 손실 마감으로 승률이 99%라고 해도 그 한 종목 때문에 그동안의 모든 수익을 다 깎아 먹고도 남을만한 손실이 날 수도 있습니다. 이것이 가능한 이유는, 실패사례의 경우 손실률, 투자금액 모두 상당히 큰 상태에서 어쩔 수 없는 포기로 손절하는 경우가 많기 때문입니다.

이제까지 소개한 기술적 분석 중 분할매수를 소개하며 추가매수의 중요성에 대해 언급하였습니다. 잠깐 복습해보면 첫 투자시점에서 상승하면 더 이상의 추가매수 없이 수익에 만족하는 것이고, 반대로 하락하면 계획된 매수시점에 따라 추가매수를 하여 매수평균단가를 낮춘다는 것이었습니다.

즉, 마이너스가 난 종목은 지속적으로 추가매수가 되기 때문에 투자금액은 급속도로 늘어나게 됩니다. 다행히 매수평균단가 이상의 반등으로 수익 마감이 되면 다행이지만, 그렇지 못한 종목들이 문제입니다. 이는 더 이상의 추가매수로 평단가 낮추기의 효과가 미비할 만큼 금액이 커져 있거나, 마지막 의미 있는 추가매수 라인마저 이탈해버려 당분간 상승이 힘들다고 보여지는 종목입니다.

이미 이때는 첫 매수시점보다 상당히 하락된 상태이므로 추가매수로 단가를 낮춘다고 해도 두 자리 이상의 마이너스 수익률일 경우가 많습니다. 즉 차트의 모습이 하락추세로 전환되거나 이평선이 역배열로 돌아서는 등의 이유로 반등이 나온다 하더라도 수익전환 되기 힘들만큼의 버거운 손실률을 기록하게 됩니다.

속전속결로 수익을 확정하다 보니 포트에는 수익상태의 종목은 거의 없고, 대부분 마이너스 상태의 종목들만 남아있게 됩니다. 그중에는 −3% 이내의 수익전환을 앞둔 종목들이 있는가 하면 −3%~−9% 사이의 어중간한 종목들, 그리고 두자릿수 이상의 마이너스 수익률을 기록하고 있는 종목들이 혼재해 있을 것입니다.

어중간한 한자릿수 마이너스 수익률 종목은 추가매수를 통해 단가를 낮출 수 있는 기회가 있는 종목들이 대부분입니다. 하지만 두자릿수를 넘어가기 시작하면 투자금액이 너무 커져 있거나 추세 자체가 흐트러진 종목들일 가능성이 높습니다.

　이른바 주식에서도 악성재고라고 불리는 종목들입니다. 손절을 하기에는 그동안의 웬만한 수익을 다 깎아 먹는 상당한 손실을 감내해야 합니다. 쉽게 손절하지 못합니다.

　분명한 것은 조금씩이라도 악성재고를 줄여나가지 않으면 결국 포트에는 언제 수익 전환될지 모르는 패전병들만 감당할 수 없을 만큼 늘어납니다. 문제는 항상 일정 부분 확보되어야 하는 여유자금이 이런 악성재고들 때문에 여력이 없어진다는 것입니다.

　찬스가 보이는 신규종목에 진입해서 수익을 얻고, 그 수익으로 악성재고의 손실도 탕감해가는 것이며, 추가매수가 필요한 종목들에게는 자금을 더 투입해서 단가를 낮추어야 하는데, 이것을 불가능하게 만드는 악순환의 고리가 만들어지는 것입니다.

　장기투자의 관점이라면, 언젠가는 오를 수 있기 때문에 사이버 머니인 셈 치고 기다릴 수도 있는 문제입니다. 하자만 오른다는 것도 어디까지나 가능성일 뿐 언제인지도 확실하지 않고, 오히려 더 내릴 수도 있는 문제임을 잊어서는 안 됩니다.

　정말 오갈 데 없이 갈등되는 이 상황을 어떻게 정리해야 할까요.
　대부분 수익 마감할 수 있는 투자법을 원칙대로 하였고, 최선을 다했다고 해도 이런 종목들이 생기는 것은 어쩔 수 없습니다. 아마 승률 100% 비법의 천기누설이 있었다면 노벨상을 받고도 남아, 용이 되어 승천했을 것입니다.

엄밀히 이야기하면 실패는 아닙니다. 이렇게 예상을 넘는 큰 폭락 이후에도 추가매수를 통해 단가를 더 낮추고, 더 오래 기다려서 수익 마감할 수 있습니다. 그런데도 실패라고 단정 짓는 것은, 주가 움직임과 투자기간이 예상한 범위보다 많이 벗어났다는 것입니다. 즉 늦어도 4주 안에 수익 마감으로 끝나야 되는데, 투자비중만 커진 채 큰 손실인 상태로 남아있다는 것입니다.

실패를 자연스럽게 인정했다면 이제 어떻게 대응하라는 말일까요. 필자가 권장하는 것은 수익과의 상계입니다. 속된 말로 퉁 친다라고 표현을 하지요.

법을 공부하다 보면 과실상계 내지는 손익상계라는 말이 있습니다. 친숙한 예로 교통사고 시 과실비율을 70:30으로 잡았다면 상계를 통해 한쪽만 40%의 책임을 진다는 개념으로 보면 되는 것이지요.

이 책의 기술적 분석이 승률 자체는 높다고 했으므로 대부분의 종목들은 수익 마감할 것입니다. 그렇다면 그 수익 중의 일부를 악성재고의 일부 매도로 발생한 손실과 상계하자는 것입니다.

악성재고를 상계로써 줄여나가야 되는 이유는 돈이라는 것은 시간을 먹으며 이자를 낳기 때문입니다. 바로 이런 이자의 개념 때문에 은행이 살고, 개인 간의 채권채무가 성립하며, 저축할 이유를 가지게 합니다. 은행이자보다도 못할 바에야 주식을 굳이 할 필요는 없습니다. 따라서 큰돈이 마이너스인 채 악성재고로 묶여있게 되면, 은행이자라는 기회비용을 포기한 셈이 되므로, 이중의 손해가 발생합니다. 그 돈을 은행이 되었든, 다른 종목이 되었든 더 좋은 수익률을 창출할 수 있는 기회조차 날리게 되는 것입니다.

앞서 손절에 대해 언급하면서 가급적 손절을 하지 않는 종목을 만드는 게 중요하다고 했습니다. 또 손절을 해봐야 결국 손해를 확정하는 것인데 쉽게 손이 가지 않는다고 했습니다.

논란을 비켜가자면, 가급적이라고 했으니 이처럼 피치 못하게 손절을 해야만 하는 경우도 생길 수는 있습니다. 다만 손절의 시기와 방법은 기존의 방식과 차이가 있습니다.

일반적인 손절은 지지라인을 이탈한 직후라고 판단된 시점을 타이밍으로 잡는 것을 말하고, 여기서 이야기하는 손절은 상당히 하락하여 당분간 상승하기 어렵고, 투자금액이 커져있어 전체포트상의 현금 확보에도 지장을 주는 종목을 말합니다.

또한 기존의 손절은 해당 종목에 한해 적용되는 것이라면, 여기서의 손절은 다른 종목이 수익이 났을 때 해당 종목의 손실로 상계시키는 방법을 통해 전체포트상에서의 유동적인 물량조절과 현금 확보를 목표로 합니다.

상계 시 주의할 것은 상계 후의 최종정산금이 플러스가 될 수 있도록 관리하자는 것입니다.

예를 들어, 10만 원 수익을 10만 원 이상의 손해와 상계시키면 남는 게 없거나 손해입니다. 상황이 이렇다면 어차피 해도 남는 장사가 아니니 어떠한 의욕도 생기지 않습니다. 그러므로 반대의 경우, 즉 최종손익금이 수익으로 마감할 수 있도록 매수매도의 물량을 조절하자는 것입니다.

실제로 처음에는 손해가 아닌 수익으로 마감시키는 상계조차도 쉽지 않습니다. 어찌 됐든, 최종적인 정산결과 수익이 발생했음에도 그 과정에서 거쳐야 하는 일부 손절은 마음 한구석의 아쉬움으로 남습니다.

여기에는 주식시장에서 개인의 성공을 가로막는 사람의 심리가 개입되어 있습니다.

예를 들어, 길을 가다 3만 원을 주은 사람과, 10만 원을 주웠다가 도박게임으로 7만 원을 잃어 똑같이 3만 원이 남은 사람이 있다고 가정해 봅시다. 결과는 똑같지만, 첫 번째 사람은 가만있다가 생긴 공돈 3만 원으로 행복감을 느낄 것이고, 두 번째 사람은 뭔가 찜찜함이 남아 있을 것입니다. 그에게는 자신이 불로소득으로 거저 얻은 3만 원보다는 잃어버린 7만 원에 더 큰 집착을 하면서 원래 내 돈은 10만 원이었는데, 7만 원을 잃었다는 상실감이 더 크다는 것입니다.

주식에는 수많은 격언들이 존재하고, 다양한 전문가나 이론서들이 저마다의 매매기법을 소개하고 있습니다. 중요한 것은 이론 자체의 훌륭함과는 별개로 실전에서 본인에게 최적화된 도움을 줄 수 있는 자신만의 방법을 찾느냐의 문제입니다.

필자 역시도 책의 중반부까지는 수익 내는 매매기법을 소개하는데 치중하였다면, 마지막에는 손절이나 상계와 같이 심리적으로, 그리고 현실적으로 힘들 수 있는 부분을 어떻게 해결해 나갈 수 있는지에 대해 언급하고 있습니다.

손절이나 상계 부분을 굳이 책을 마감하며 강조하는 이유는 갖은 시행착오를 딛고 일어서며 마지막에 부딪히게 된 영원한 숙제이기 때문입니다.

예전에 시간제한이 있는 파생상품을 섞어가면서 투자할 때는 아무리 예측과 분석을 잘해도, 시간이라는 변수 때문에 손실마감하는 경우를 겪으면서, 주식은 이런 변수가 없으니 설령 당장 예측이 빗나가더라도 얼마든지 기다릴 수 있다고 생각했습니다.

하지만 실전에서 장기간 포트에 남아있다는 것은, 추가매수를 통해 단가 낮추기를 했음에도 수익전환을 못 한 채 감당하기 벅찬 마이너스 수익률을 떠안고 있음을 뜻하기 때문에, 그만큼 큰돈이 묶여있음을 뜻합니다.

수익나는 대부분의 종목은 정산확정 후 포트에서 제외되는 반면, 이런 골칫거리 종목들을 처리하지 못하면 시간이 지나면서 점차 많은 마이너스 종목들이 포트를 장악하게 됩니다. 이것이 주식투자를 하면서 겪게 된 시행착오의 마지막 숙제이고, 현재까지도 가장 어렵다고 생각하는 부분입니다.

확률상 높은 수익마감의 승률을 기록하면서 자만하게 되지만, 결국 이런 현실적인 문제를 마주하게 되면서 주식이 왜 어렵다는 말을 하는지 실감하게 됩니다.

냉철하게 분석해보니 모든 원인은 욕심이 개입되어 생각보다 과한 투자를 한 게 화근이 되는 경우가 많았습니다. 문제는 이런 현상을 머리로는 충분히 인지하고 있는데도 불구하고 그대로 실천하기 어렵다는 것입니다. 하지만 분명한 것은 아무것도 모르고 큰 시행착오를 하는 것보다는 의식적인 노력을 통해 투자금을 조절할 수 있어야 주식에 인생을 올인하는 실수를 범하지 않는다는 것입니다.

단순히 수익을 얻기 위해 이론적인 내용을 소개한 얄팍한 주식책이 아니라, 좀 더 자신을 냉철하게 바라보고 주식을 즐길 줄 아는 현명한 투자자가 되기를 바라는 마지막 당부가 어쩌면 좀 더 애착이 가는 이유도 바로 이런 것입니다.